唐蘭著作精選

天壤閣甲骨文存并考釋

沈燮士題

圖書在版編目(CIP)數據

天壤閣甲骨文存并考釋／唐蘭著.—上海：上海古籍出版社，2016.12（2019.1重印）
（唐蘭著作精選）
ISBN 978-7-5325-8200-6

Ⅰ.①天… Ⅱ.①唐… Ⅲ.①甲骨文—研究 Ⅳ.①K877.14

中國版本圖書館 CIP 數據核字(2016)第 206892 號

唐蘭著作精選
天壤閣甲骨文存并考釋
唐 蘭 著
上海世紀出版股份有限公司
上 海 古 籍 出 版 社 出版
（上海瑞金二路 272 號 郵政編碼 200020）
（1）網址：www. guji. com. cn
（2）E-mail：guji1@ guji. com. cn
（3）易文網網址：www. ewen. co
上海世紀出版股份有限公司發行中心發行經銷
上海展强印刷有限公司印刷
開本 787×1092 1/16 印張 12.5 插頁 5
2016 年 12 月第 1 版 2019 年 1 月第 2 次印刷
ISBN 978-7-5325-8200-6
H·153 定價：58.00 元
如有質量問題，請與承印公司聯繫
电话：021-66366565

目録

序

清同光之際，陳介祺、潘祖蔭、吳大澂、王懿榮諸氏，並篤好古器物，精鑑別，金石陶玉，兼收並蓄。於時，古物滋出，若燕齊古匋及封泥、爰金之屬，並前世嗜古之士所未得見者，至於殷虛卜辭，更無徵於載籍，足以震駭世俗，方聞之士，猶或疑之。庚子，甲骨初出，魯之賈人挾而之燕京，王氏首以厚值得之。未幾，殉於義和拳之變，其藏歸丹徒劉鶚。劉氏又續有所獲，羅振玉氏為選集千片，曰鐵雲藏龜，孫詒讓氏因之作契文舉例，於是學者多知有甲骨矣。其後好古者競事藏弆，而以羅氏為最富，既集殷虛書契，又為之考釋，王國維氏更取證古史，多所發明，然後卜辭之學與彝銘並重，迄中央研究院發掘殷虛，其學之範圍愈益廣大。然其最初鑒定之者，乃王氏也。王氏後人既以所藏歸劉氏，尚頗留其精粹，其後又散佚，歸於福開森氏者三十餘片，金陵大學已為印行。余與王氏次子漢章先生稔，昔歲晤於天津，蒙其以拓墨二册見假，並許其傳布，昨夏又於輔仁大學圖書館見拓本一册，首有王氏長子漢輔先生題語，中多與前兩册複出，知亦王氏故物，又並在福氏所獲之外。余追惟王氏始鑒定功不可沒，又感漢章先生之厚意，乃合三册，去其複重，得百有八片，輯為天壤閣甲骨文存。其間大部未經著録，第廿一片之骨臼所刻卜辭，與在他處者同，為前此所未見，尤關重要。乃商於沈兼士先生由輔仁大學印行。議既定，因循迄於歲末，余將南行，亟以付印。凡有所見，異夫時賢，輒為考釋，列於後卷。治斯學者，庸有取焉。甲骨之初發現，歲為庚子，王氏既以其年卒，余又適以是年生，事之巧偶，有若是者。既撰集王氏所藏，念生平志業，百無一成，而余年忽焉四十矣。民國肇建，余方讀於商業學校，既卒業，改習醫學，既為人診疾，又頗厭之，而學為詩詞，稍博覽，思輯文選注所引古書，並為晉書注。九年冬，盡棄所業，就學無錫，同學有熟習段注說文者，余由是發憤治小學，漸及羣經。居錫三年，成說文注四卷，卦變發微、禮經注箋、孝經鄭注正義、棟宇考、闈闕考各一卷。嚴可均、王筠之治說文，多援引彝銘，余作注亦頗采用吳氏之古籀補，因漸留意於款識之學，及讀孫詒讓之古籀拾遺及名原，見其分析偏旁，精密過於前人，大好之，為古籀通釋二卷，款識文字考一卷。於時初知有甲骨文字，取羅氏所釋，依說文編次之，頗有訂正，馳書叩所疑，大獲稱許，且介之王國維氏。余每道出上海，必就王氏請益焉。十三年春，遂因羅氏之招至天津，館於建德周氏。居津凡七年。初以羅氏之屬，校本艸經，屬稿僅半，以故輟業。擬輯諸緯及古小學書，校補全上古三代秦漢六朝文，訂正殷虛文字類編，均未成。居停周學淵氏工詩詞，余亦好之，日從諸詞客遊宴酬唱，稍蒐考證，僅為白石道人歌曲旁譜考一文，又擬為唐宋燕樂曲考，亦未成。其後又好讀程朱之書，更泛覽譯籍與近人新著，所好弥廣矣。民國十八年，余已三十，編將來及商報文學周刊，始重理考証之學。二十年春，東游遼瀋，金毓紱氏約余編東北叢書，高亨氏又約余講尚書於東北大學。時重理許書，病其不足以範圍古文字，始用自然分類之法，擬作名始。席未暇暖，猝遭禍變。十月十八，浮海來歸，所攜書二篋，均卜辭彝銘，謂處窮可以著書也。旅居多閒，重解金文，著錄表，但成鐘鼎兩類。嘗編商周古器物銘，又作彝銘考釋十餘篇，為古器物銘學，均已付印，卒未成書。次年春，代顧頡剛氏講尚書於燕京北京兩大學，秋後遂入北大講金文及古籍新證，旋又代董作賓氏講甲骨文字，而師範輔仁清華中國諸大學亦相繼約余講古文字，兼及詩書三禮，迄今又七年矣。所編講義有尚書研究古籍新證先秦文化史等，均未竟。於古文字之學，初編鐘鼎文字研究，實為名始。繼分甲骨鐘鼎為兩種，頻年脩訂，未有定稿。惟所作古文字學導論已印行。余於卜辭文字，致力最久，所釋倍於前人，聞者或以為夸誕。于省吾氏促余寫定，因成殷虛文字記一卷。方寫印續記，重訂導論，再遭喪亂，均未卒業，其印成者，都為劫灰矣。講學之暇，嘗作雍邑刻石攷，文之輪廓久定，屢經修正，尚未脫稿。馬衡氏約余為故宮博物院特約專門委員，擬編故宮青銅器圖錄，因變中輟。劉復氏屬余撰集北大所藏卜辭，易稿三次，因循數載，而劉氏墓有宿艸矣。經變後始為編定，刊傳之期，尚未知何日也。卜辭材料既富，非有精密之分類，不能董理，作卜辭類編。甲骨之斷折者復合之，作契合編。劉鶚王襄兩家所藏甲骨，舊有印本，漫漶失次，均重為編次。所藏古匋拓本六七千紙，去其複重，為古匋匯。又集諸印譜所載為古鉨匯。又為說文箋正玉篇疏證切韻疏證等書。前歲以來，作六朝法書攷以遣煩憂。又以漢末反語，起於雙反，作反語考。凡此皆積稿累尺，未能寫定。十餘年來，所作考證文字，無慮數十萬言，時思捴為一集，亦終未果。余嘗欲既廣，易為環境所牽轉，往往剏蘽未半，已別起端緒。又好為長篇鉅製，而多無成功。至於一篇既竣，不敢輕出，反復詳審，或經數載，猶未刊定。以是心有所得，大氐未箸於書，而箸於書者，又多未公於世。志學以來，所欲論述者甚多，今垂衰老，惟古文字與秦以前歷史文化，稍具體系，然心意雖有開悟，下筆轉更艱鈍，草一短文，或且浹旬經月。生丁亂離，又將遠行，恐旦暮不虞，填委溝壑，故於是編，期以必成。屬稿兩月，屢愆行期，一月十五，嚴君捐背，未獲奔馳，五內崩裂，觸發痼疾，備嘗荼毒，彊勉執筆，僅得終卷。卜辭研究，自雪堂導夫先路，觀堂繼以考史，彥堂區其時代，鼎堂發其辭例，固已極盛一時。然尋按諸論，尚多蓋闕，已定之說，時復舛誤。蓋文字之學，自為專門，但恃比較，無異面牆，純以意會，便成穿鑿，或者忽其瑣屑，無復深思，或者昧於系統，隨文生義，故猶多罅隙，有待補苴。且辭者積字而成，不講字學，而欲通貫其辭，猶之射覆，即有中者，亦非真知。甚者以文害辭，如謂㸚讀若以人為登人，讀叀讀若維牛為剝牛，犍侵伐入於芻牧，毕禽獲歸之畢弋，遞相沿襲，曾莫之悟。學者乃欲藉此以尋考史實，鈎稽文化，抑亦失其本矣。余初治小學，耑宗許書，継攻款識，漸生疑義，三十以後，始悟分類，由甲骨及商代彝銘，推見文字發生，由於圖畫，乃追溯原始，明其構造，蒐集歷史，通其變化，遂作導論，犕土條例。蓋許呂以來，未窮斯祕，敢詡入神之作，不無艸創之勞。苟天之未喪，假我數年，得專意卜辭，依次寫定，猶欲論釋彝銘，尋究陶鉩，條理終始，完成斯業。然饑驅行役，未知所屆，或且重蹈前失，徒託空言。故藉是編之成，畧攄所懷，用以自戒，庶亦異日追憶之資也。民國二十八年三月十九日。

此書所録拓片之攝景者，為周君，儲皖峯先生所介紹，印刷方面，孫海波先生所助為多，附此志謝。

天壤閣甲骨文存（附檢字）

一

二

三

五

乙

四甲

六

七

八

九

一〇

一一

一二

一三

一四

一五

一六

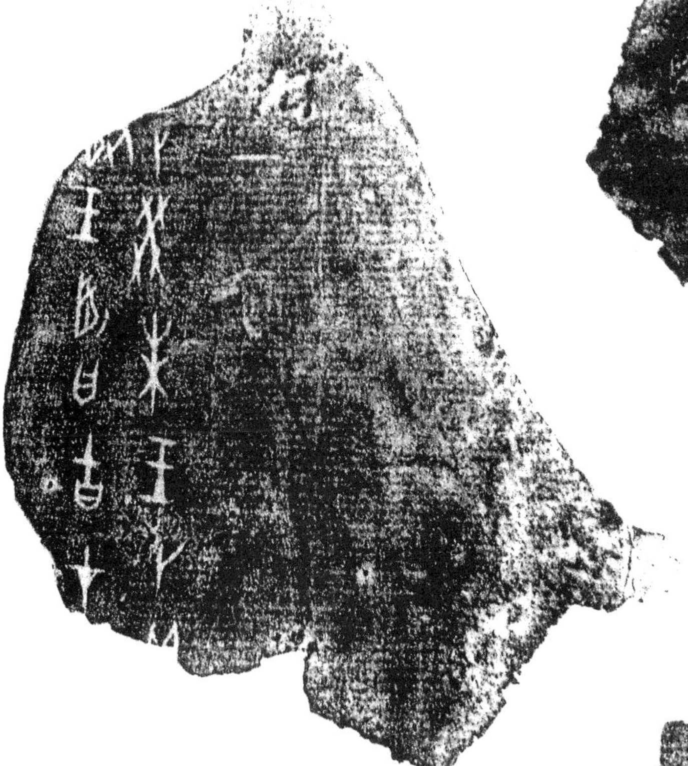

乙

一七甲

一八

一九甲

乙

二〇

二一甲

乙

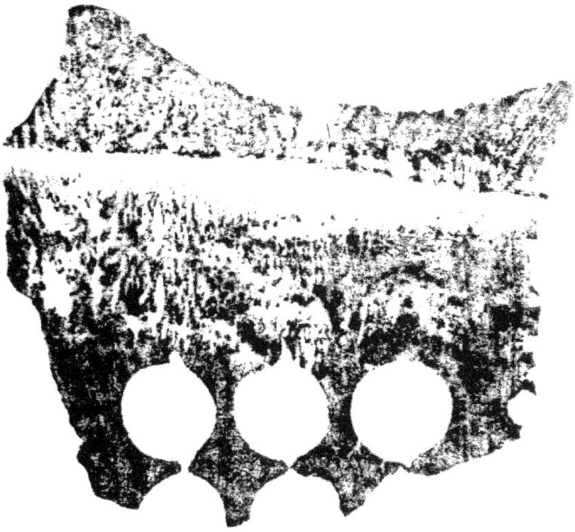

丙

二二甲

乙

二一三甲

乙

二一四甲

乙

丙

二五

一六

一七

一八

一九

三〇

三一

三二

乙

三三甲

三四

三五

三六

三七甲

乙

三八甲

乙

乙

三九甲

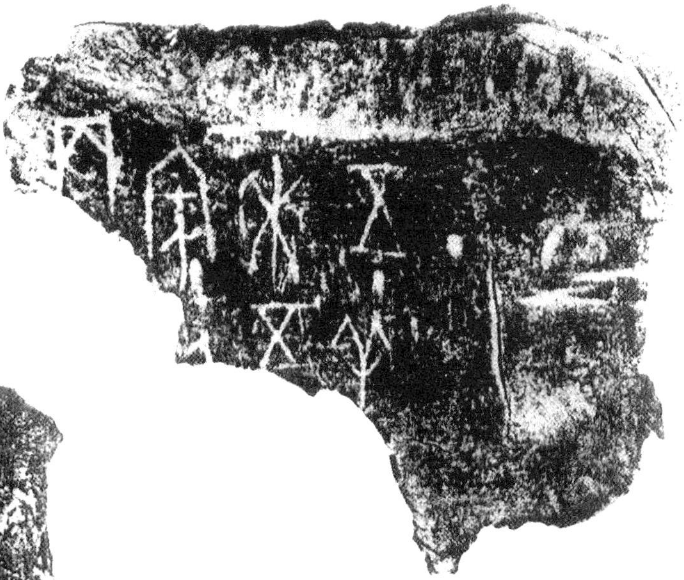

四〇

四一

四二甲

丙

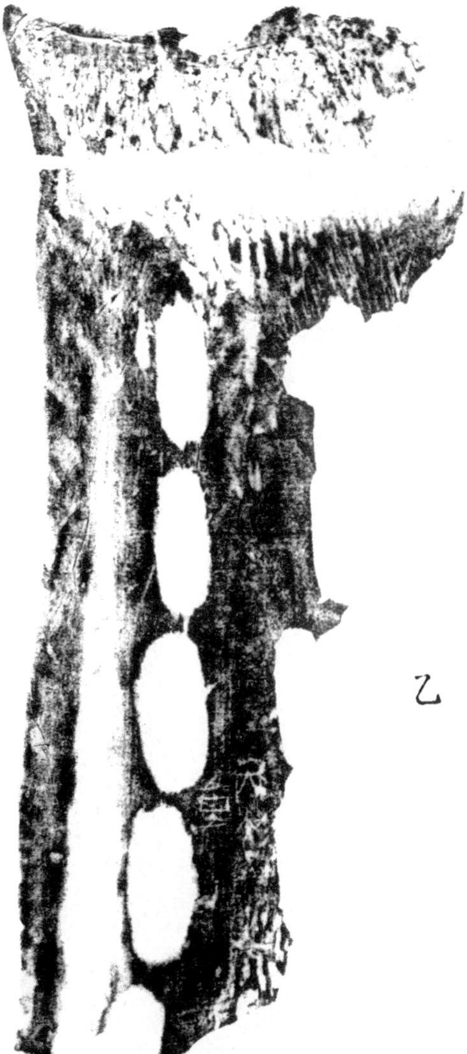

乙

四三甲

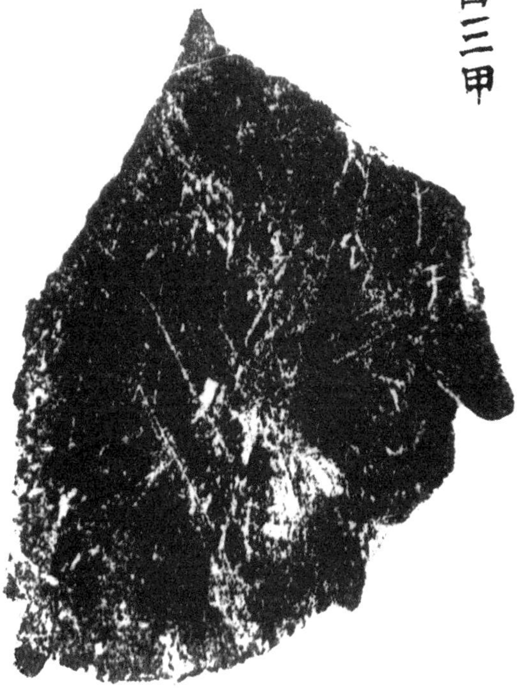

四四

乙

四五

四六

四七

四八

四九

五〇

五一

五二

五三

五四

五五

五六

五七

五八甲

乙

五九甲

乙

六〇

六一

六二

乙

六三甲

六四

六五

六六

六八

六七

六九

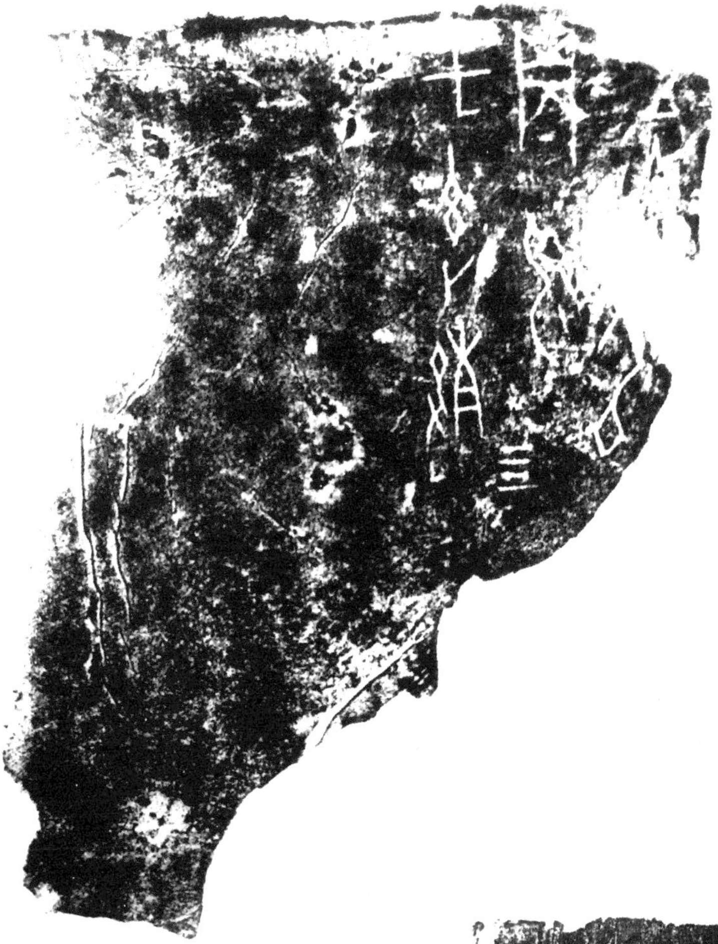

七〇

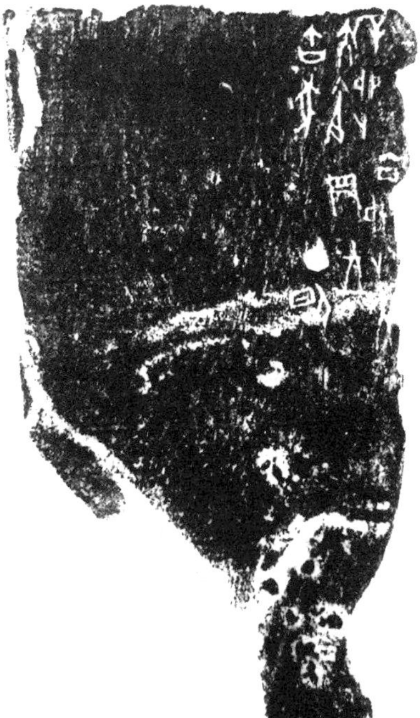

七一

乙

七三

七二甲

乙

七四甲

乙

七五甲

七六

七七

七八

七九

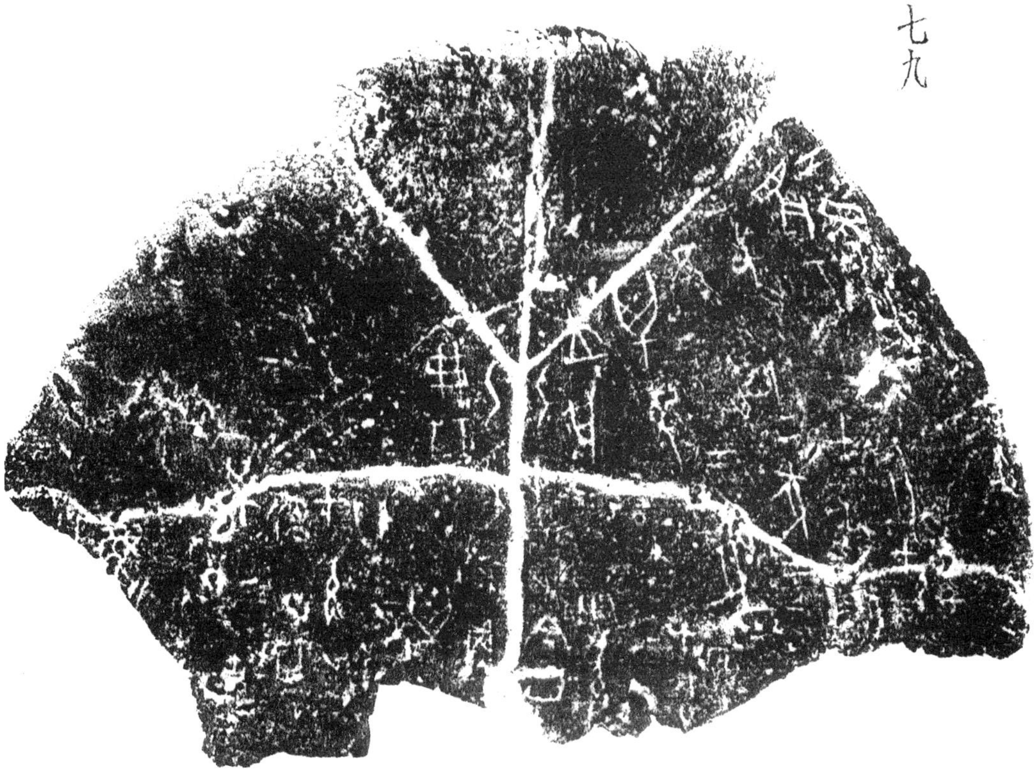

八〇

八一

八三甲

八二

乙

八四

八五

乙

八六甲

八七甲

乙

八八

八九

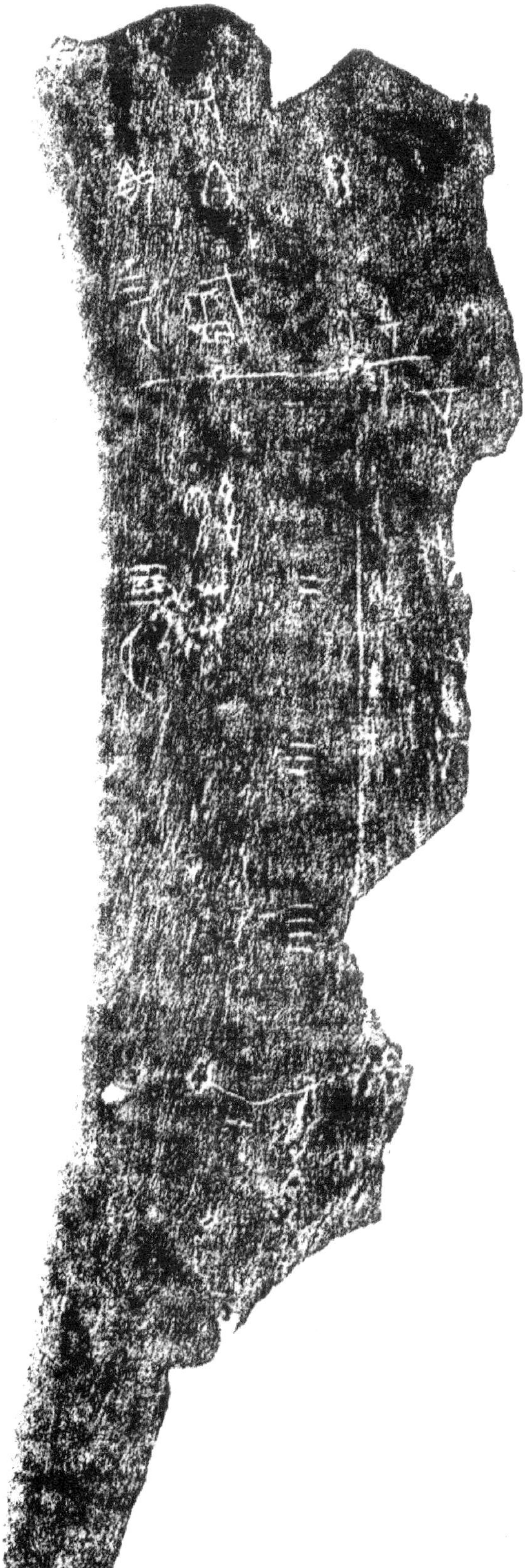

九〇甲

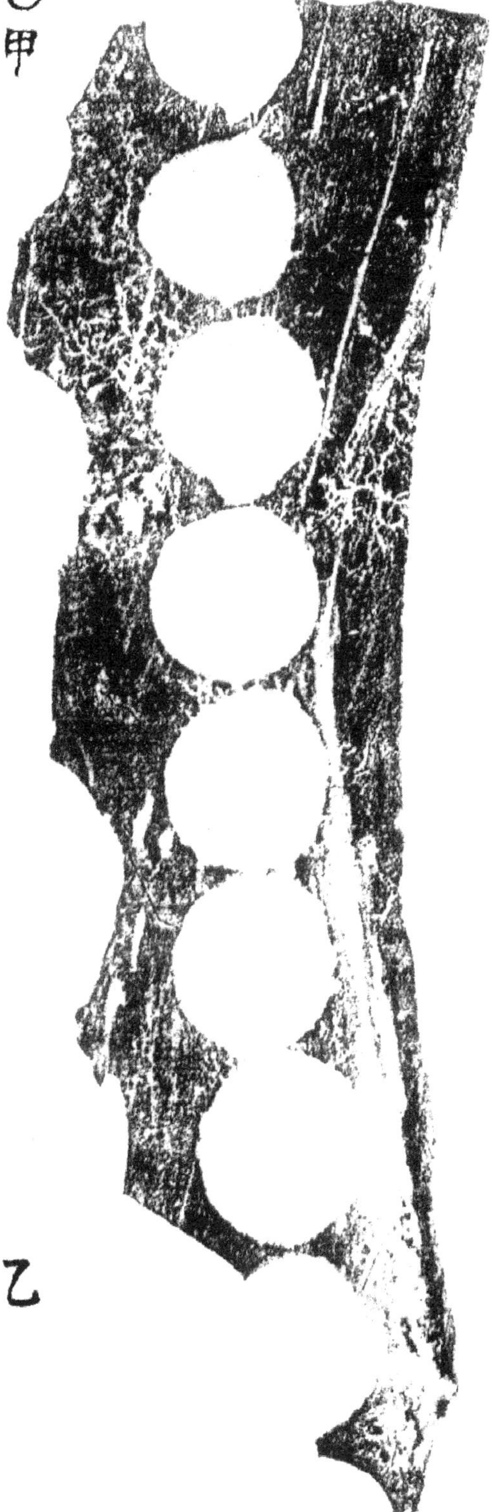

乙

九一

乙

九二

九三甲

九四甲

乙

九五

九六

乙

九七甲

九八

九九

一〇〇

一〇一

一〇二

一〇三

一〇四

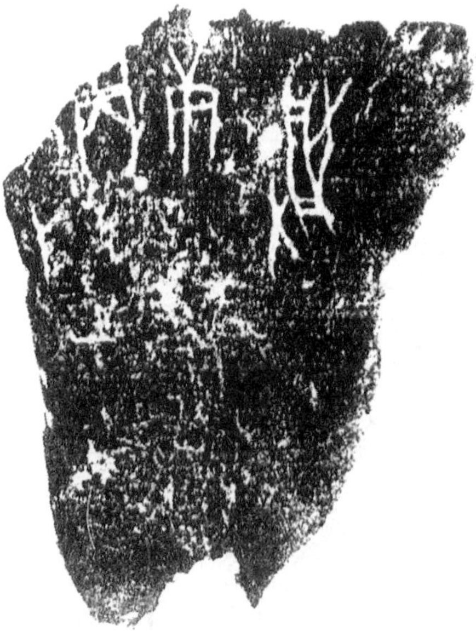

一〇五

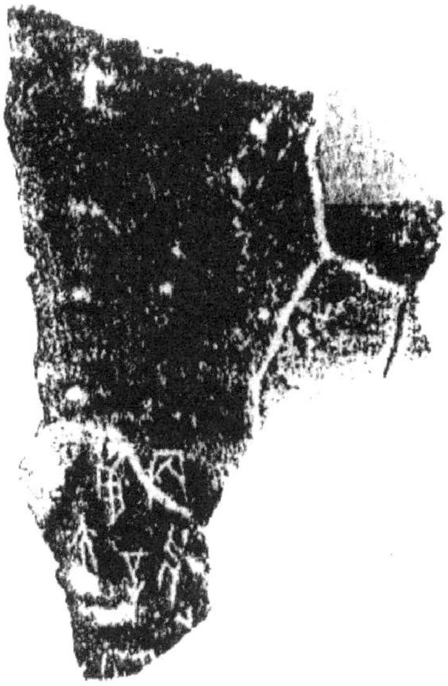

一〇六

一〇七

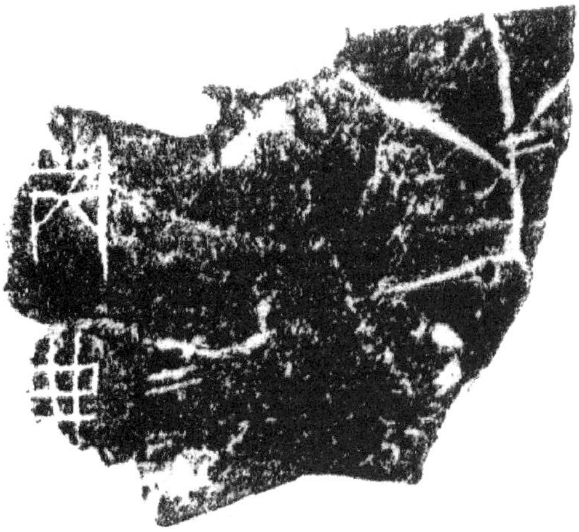

一〇八

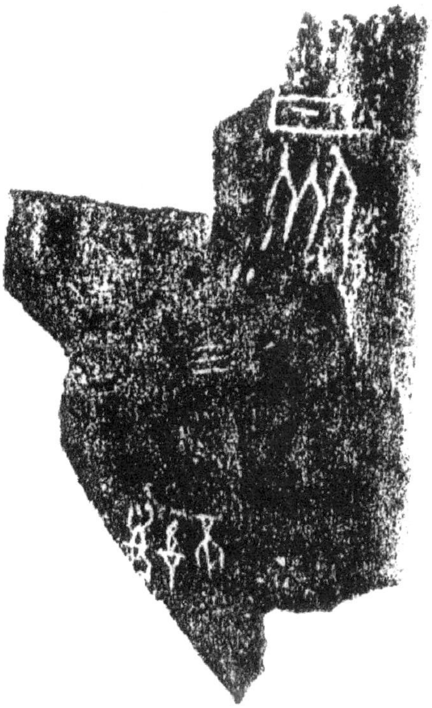

天壤閣甲骨文存檢字

此以異形為主，凡習見之形體不具錄，以※別之。

四二甲 吏人　九五 立人　二八 王宦人氐　人字見說文人部。

三七甲 匕庚　匕字見說文匕部。

三六 氏敉　七五甲 貞氏　八七乙　九四乙 弗其氏　氏字見說文氏部。

六九 弓令壬　壬字見說文壬部。

二四丙 邑示　四二丙 邑示　邑字見說文邑部。

七 卜兄　兄字見說文兄部。

三四 頁羊㞢啄　頁字見說文頁部。

五七 允出　七六 允隻　七九 允隻　允字見說文儿部。

六三甲 兕乘　兕即𤉡字，說文𤉡字重文。

五九甲 光其㞢囚　光字說文所無，當即𢼸字所從。𢼸見人部。

九六 不其[illegible]　[illegible]字說文作叒，今隸作若。

七九 王獸烾（此字拓本模糊存疑）　烾當即光字，見說文火部。

六三甲 王弓从兕乘　六四 王从止戜　六五　七六 从毗京　从字見說文从部。

五五 于北受年　北字見說文北部。

□ 八十 五豕
□ 三六 二羌 □ 八一 □ 九二 𦍋羌尋 □ 三二 㲋三
□ 六九 乎令壬 □ 七〇 令缶豕 □ 八一 令㬎羊 □ 八四 乎令
□ □ 五 卜宄 □ 八 卜宄 □ 一七乙 □ 二四甲 卜宄 □ 三九甲 卜宄 □ 四二甲 卜宄 □ 八五 卜宄
□ 六十 土方 □ 六一 土方 □ 六二 方由今𢂇月 □ 六六 𠳋方 □ 六七 舌方
□ 四六 忛用
□ 九十甲 白戠執
□ 四五 卸子口
□ □ 八四 出匄亡匄
□ 八七甲 乎侯取臣任
□ 六六 乎𩱦舌方
□ 一〇二 卜大
□ 五十
□ 七十 卜□

互字說文所無，疑亟字從此。
羌或從8，說文作羌，在羊部，亦苟字所從。
令字見說文卩部。
宄即宂字，見說文宀部，亦即宄字寇字。
方字見說文方部。
忛字說文所無，即埶字，亦即熱字蓺字。
執字見說文幸部。
卸字說文所無，即仵字，（亦說文所無。）卜辭讀如御。
匄字見說文亡部。
任字見說文人部。
𩱦字說文所無，當即䴞字。
大字見說文大部
□疑天之異文。或是二大兩字？
□字說文所無，疑位字所從出，詳考釋。

黄 三六 黄

㚅 五六 㚅

𣏟 一〇三

亦 一九甲 今夕其亦𧖅雨

尗 五八甲 子尗

立 九五 立人

竝 九四乙 竝弗其氏出取

乘 六三甲 見乘

𡿺 一 𡿺 三 𡿺 一〇二（此形習見不盡錄）𡿺 二五

子 一 子 二 子 九（此形後期習見）子 五 子 二八 子 四、五 子 八四（此形早期習見）

母 四九 母戊

毓 三一 多毓

𡛟 七二甲 帚𡛟

＊　＊

黄字說文所無即黄字。

㚅字說文所無即夾字。

𣏟字說文所無即𣏟字。

亦字見說文亦部。

尗字說文所無疑即汏字。

立字見說文立部。

竝字見說文竝部。

乘字見說文桀部。

𡿺字說文作𡿺子字籀文。卜辭用為子丑字。

子字見說文子部。卜辭用為子女字，甲、四五、五八二、八

亦用為辰巳字。

母字見說文女部。卜辭母女為一字。

毓字見說文𠫓部，育字重文。卜辭以為后字。

𡛟字說文所無當即妸字。

八八 帚好 八九 帚好
八七甲 帚媟
九 才白 九十甲 白藏
五一 三百（合文作）
九三甲 𡨦父
六一 方不其衞
二四甲 自今至于芄未 四四 吉自丁陟 三一
三四 貞羊出啄
八十 才而
二七 五二 卯宰又一口 六二 受出又
六 二二甲 二形均習見（此） 五 三 一
二八 亡尤 二九 亡尤
二五甲 其及……雨
四八 ……囚𠬝本出牢
九三甲 𡨦父

好字見說文女部。卜辭以為姓氏之子。
媟字見說文女部。
白字見說文白部。
百字見說文白部。
𡨦即害字，見說文宀部。亦即憲字所從。
衞字說文所無，疑即睘字。
自字見說文自部。
啄字說文所無，疑即喙字。
而字見說文而部。
又字見說文又部。
丑字見說文丑部。
尤字見說文乙部。
及字見說文又部。
𠬝字見說文又部。
父字見說文又部。

八七甲 乎光取𠂤任 九四乙 [?]弗其氏㞢取

取字見說文又部

三六

𦯖即若字，見說文艸部。亦即𦯖字。

七五甲 弗其隻延 七六 允隻 七九 允隻 八〇 弗隻 八二 隻鹿 八三乙 其隻

隻字見說文隹部。卜辭以為獲字。

九二 [?]羌叟

叟即㝷字，說文誤作𡬶，在見部。

四二甲 史人于光

史字見說文史部。卜辭以為使字。

四二丙 工婦 七二乙 三九乙

婦或作歸，說文所無，疑即婦字。

三六 卜𢆉 三七乙 六二 卜𢆉 六六 卜𢆉 八一 卜𢆉 八四 卜𢆉

𢆉字說文所無，疑即𢆉字。

五五 受年 五六 受年 六〇 受㞢[?] 六二 受㞢又 六七 受㞢又

受字見說文𠬪部。

一〇四

四二甲 𦣞來于羔

𦣞字說文所無，當即㝷字。

三十 [?]𢪔

𢪔字說文所無，當即將字。

五一 𩝣羊三百

𩝣即𩞁字，說文食部饔下籀文。詳考釋。

八七 帚㠱冥

冥字見說文冥部。

六三乙 卜㱿 五㱿 六六 卜㱿 六八 卜㱿 六九 卜㱿 八三甲 卜㱿 九一 卜㱿

三六 羽氏牧

六四 乢藏 六五 乢藏

五七 允出 七二甲 坐出 七三 坐出 七四甲 卜出 一〇二

八二 子宦 二六 王宦 二七 王宦 二八 王宦 二九 王宦

七五甲 弗其隻延

四二乙 卜韋

八 一日 四 多日 三一 三五 七六 之日 七九 今日

二九 日其宰

七日 王昍

八二 今眔 一〇八

五 九月 一一二 形早期習見 三月（上 三一 才三月

十一 今夕 十三 今夕 十五 形早期 今夕（上二 此後期）

十七甲 二七（二三 形皆習見

三五 出于汅

＊　＊　＊

㱿字見說文殳部。

牧字見說文攴部。

乢字疑即沚字，見說文水部。

出字見說文出部。

宦字說文所無，從止宀聲，卜辭以為王賓字。

延即正字，見說文正部。

韋字見說文韋部。

日字見說文日部。

日字卜辭以為旦字。

昍字即易字所從出，說文在勿部。

眔字說文所無，卜辭以為眔字。此字或不從日？

月字見說文月部。

夕字見說文夕部。

乙字見說文乙部。亦即乚字乞字。

汅字說文所無，即河字。

四二甲 泮十牛　七七 亡川　七八 亡川

五六　受黍年 五六

一七甲 雨（此形習見）　七七 其

二六 彡夕　三一 彡日

一八

三〇 由年卯酌　三一 酌彡日

四二甲 翊來于羔

六〇 土方　六一 土方

二二甲 形旱期習見（此形習見）　二七　二八　九　一六 形未期習見（此二）

五六 其生于西　六七 西王生　七七 生來　七八 生來

一一 今夕　一二 今夕　一九甲 今夕　二二甲 今二月

一一 丁　一二

一〇六 小告（合文）

四四 告自陟　九八 雀弗其戈陟

泮字說文所無疑即泮字。

川字說文作巛，在川部。

黍字見說文黍部。

雨字見說文雨部。

彡字即彡，見說文彡部。卜辭以為彤字。

易字見說文易部。

酌即酒字，見說文酉部。

羔字見說文羊部，卜辭以為岳。

土字見說文土部。

王字見說文王部。

生字見說文㞢部。

亼今為一字，並見說文亼部。

丁字見說文丁部。

小字見說文小部。

陟字見說文𨸏部

四四 告自唐降

降字見說文𨸏部。

七一 之七月　一九乙 之夕　七六 之日　九七甲 往之

㞢字見說文之部。

一七乙 形早期習見（此……）　一一　七七

辛即辛字，說文析為二部。

四三甲

余即余字，見說文八部。

二一甲 不雨　二五 不其雨　六一 不口衛　八七甲 不其劫　二四甲 不雨　九六 不其帶　四甲 不于黽

不字見說文不部。

四八 ……罔本出牢

夲字見說文夲部。

三〇 西雨桼

桼字見說文夲部。

三六 羽氏牧

羽字即彗之本字，見說文又部。

一七乙 帚口　三九乙 帚妊

帚字見說文巾部。卜辭段為婦。

五五 受年　五六 受黍年

年字見說文禾部。

六二（禾旁原闕） 麋告曰

麋即麋字，見說文鹿部。

五四　五五 乎黍

黍即黍字，本不從水，此說文所無。

七七 坐來

來字見說文來部。

三九甲 來五口　四三乙 戠來……

來字說文所無，𡗗字當從此。

三九 乙 帚桓

桓疑即相字，說文在目部。

六二 今楙

楙字說文所無，當即楙字。

五　九　一

未字見說文未部。

九五

屮字見說文屮部。

七七 田𤰈　七八 其田于𤰈

𤰈字說文作𤰈，誤從艸在皿部。

二四 甲　四七 隹𣪘帝

帝字見說文二部。

四九　五　八

卜字見說文卜部

五　六　五八 甲子𡗗隹囚

囚當即𡆥字，見說文卜部。卜辭讀若咎。

八 甲𢦏十　二六 㞢甲十　七一 七月（合文作十）

古甲七為一字，俱作十，說文甲作中，在甲部，七作七，在七部。

二二 乙　三一 亡𧈧

𧈧當是一字，說文作䖵，又作蚰，並在虫部。卜辭以為亡它字。

五　六　七　一〇　四一 㞢勹　八八 帚好勹　不同 其勹

勹即句字，見說文勹部。作勹者卜辭以為旬字。

五 九月

九字見說文九部。

二二甲 九一 一 四一

四二甲 史人于共 八七甲 乎共

二四甲

四二甲 不才𦣞 六六 不才𦣞 九四甲 不才𦣞 一〇八 不才𦣞 四甲 不才𦣞

二〇 今𧆨

五七 不隹我出口囗 二二甲 其隹丙 三一 隹王廿口

二四甲 雈黍

五二

八十 卜雈 九八 雈弗其戈陟

四六 帆用售戉

七六 雉十

八〇 𧆞虎

七九（此字拓本不晰）

七九 鹿二十 八二 𧆞麀

七九

㠯字說文作申，在申部。

共字見說文中部。

未詳，或是自魚二字。

𦣞字見說文𦣞部。

𧆨字說文誤脫。

隹字見說文隹部。

雈字見說文雈部。

䧿字說文所無，即鳳字，卜辭以為風字。

雈字見說文隹部。

售字說文所無，讎之本字。

雉字見說文隹部。

虎字見說文虎部。

豕字見說文豕部。

鹿字見說文鹿部。

𪊨字說文所無，即麋之本字。

七六 蒦罷二 七九 罷百廿七

罷字說文所無，即羆之本字。

四九 用豕 五〇 七〇 今缶豕 七九 豕二

豕字見說文豕部。

一七乙 二豕 三九乙 一豕 四二丙 五豕 七二乙 三豕

豕即豕之異文，亦即彑字。

三五 三彘

彘字見說文彑部，即豭之本字。

四七 亩豝帚

豝即豕字，見說文豕部。

*

三五 三三 七 八 九 一

亥字見說文亥部。

八四 豸希

希字見說文希部。

八四 犬祉出羊

犬字見說文犬部。

九 十 十四 一五

猷字說文所無，當即獻字。

*

七九 王獸

犴即戰字，說文作獸，在嘼部。

八一 王才丝䴥

䴥字說文所無，當即獸之本字。

三五 二牛 四二甲 㘳十牛

牛字見說文牛部。

三四 頁羊出豕 三九甲 五羊 五一 𡏳羊三百 八一

羊字見說文羊部。

五二

𦍋字說文所無，疑與牲同意。

六八 王亯缶于口

亯字見說文亯部。

＊ ＊ ＊ ＊ ＊ ＊ ＊ ＊ ＊

四〇。 弜于岜來十口
岜字說文作屵、卢字重文。

二二甲 多雨 三一 多𩔰
多字說文在多部。

二二甲 羽庚寅 二五 羽丁丑 二七 羽辛
羽字見說文羽部、卜辭以為翌字。

卯 一 卯 三 卯 五 卯 七〇 卯 三二 卯宰又一口
卯字見說文卯部。

七二甲 辰 九五 辰 一 辰 二
辰字見說文辰部。

一 八 一日
一字見說文一部。

二 二二甲 今二月
二字見說文二部。

三 一一 三月 三 四九 三月
三字見說文三部。

亖 九〇甲 亖月
亖即四之本字、見說文四部。

六三乙 三九甲 五羊 五 殸
五字見說文五部。

丨 四〇 來十口
丨小篆作十、說文分丨十二部。

廿 三一 隹王廿口
廿字見說文十部。

七二甲 卜回 二二甲 卜亘 一〇六 卜亘
回亘為一字、說文回在口部、亘在二部。

田 七六 王坐于田
田字見說文田部。

井 九三乙 帚井
井字見說文井部。

＊

八四 犬征㞢牢

征即延字，見說文延部。亦即辵字。

一八 一日冢

冢字說文所無，當從八豕聲。

*

七八 一一 一一 二一丙

午字見說文午部。

八〇 才而 八一 才丝䬺 九 才白 一一 才三月 同 一六 三一 才三月 四甲 不才䢅 四二甲 不才䢅 六 六

不才䢅 九〇甲 不才 九四甲 不才䢅 一〇八 不才䢅

才字見說文才部。

四二丙 工婦

工字見說文工部。

*

七二

壬字見說文壬部。

*

五二

巫字見說文巫部。

*

五 八五 一六（後期）

癸字見說文癸部。

*

四四 五四 八三甲 四九 母戊 一三

戊戉本一字，說文析為二部。

二七 王室戉 二八 王室御戉 同 王室人戉 四六 既用售戉

戉字說文所無，即戊之異構。卜辭以為歲字。

*

二一甲 三〇 四二甲 一

戌字見說文戌部。

二四甲 五六 我弗生于凿 五七 不隹我㞢口困

我字見說文我部。

九八 雈弗其𢦏陮 同 雈𢦏陮

𢦏字見說文戈部。

六四 止𢦏　九〇甲 白𢦏

𢦏字說文所無，當從戈𡨦聲。

六七 伐𢀛方　二九 王𢀛伐

伐字見說文人部。

二一丙　三〇 勿殺　六三甲 勿从　六五　六九 勿令　八四 勿帚

勿字說文所無，觵弱字當從此。卜辭讀若勿。

※一〇二 戊寅（早期）　三 丙寅　一 戊寅

矢寅本一字，說文分為二部。

二四甲 自今至于 未

至字見說文至部。

九一 𡨦疾

疾字見說文矢部，疾字重文。

※二一丙 己　一

己字見說文己部。

七五甲 弗其隻　八〇 弗隻　九四乙 並弗其氏出取

弗字見說文丿部。

※二一甲 丙戌　二二甲 丙申　二五 丙兇　一二 丙兇　一〇五 丙申　三 丙寅　二九

丙字見說文丙部，亦即內字。

※七三　一〇六　二八　八

鼎字見說文鼎部。

七六 𩰫京

𩰫字說文所無，或以為歌字。

一一 卜即　一二 卜即　一三 卜即

即字見說文皀部。

二七 且辛

且字見說文且部。

＊一 酉 一八 酉 五二 酉 九 酉 一 酉 二六 酉 四三乙

酉字見說文酉部。

卣 八七甲 升供取卣任

卣字說文所無。

＊一 固 二二甲 王固曰 固 八七乙 王固曰

固字說文所無當從卣占聲。

𦰩 五六 不其受𦰩年

𦰩即旱字見說文旱部。

＊一 曰 二二甲 王固曰 曰 告曰 六二 曰 八七乙 王固曰 曰 七七 王卣曰 曰 一六 王卣曰

曰字見說文曰部。

＊一 告 四四 告自唐降 告 告自 同 丁陟 告 二告 九四甲 告 七四乙

告字見說文告部。

缶 六八 王章缶于口 缶 七〇 令缶豕

缶字見說文缶部。

吉 七七 王卣曰吉 吉 一〇 王卣曰吉 吉 一六 王卣曰吉 吉 三一

吉字見說文口部。

古 二二甲 卜古 古 四〇 卜古

古字見說文古部。

咸 四三乙 咸求……咸 八一 咸戰

咸字見說文口部。

唐 四四 告自唐降 唐 六一 告上方于唐 唐 六六

唐字見說文口部。

喜 四四 卜喜

喜字見說文喜部。

曹 四八 ……曹昃夲出寧 曹 五九甲 其出曹

曹即曹字見說文曰部。

□ 六七 □方

□字說文所無當從口工聲。

□ 二三甲 卜□

□字說文所無當從口玨聲。

六三甲 今咎

二八 咎甲 咎二六 咎甲

七七 田曹

九一 𡧊兵

六五 盡戊

一九甲 今夕其亦盧雨

三二 口一卣

三三甲 㞢匚于王亥

六〇 告土方于𠀠

三三甲 㞢匚于王亥

九六 以医

一〇 王卣曰吉

一六 王卣曰吉

七七 王卣曰吉

六二 方由今襖凡

四九 用豕

四六 慣用𢀛戠

九九 乙亥乙酉用

五六 我弗坐于甾

四乙

一七甲 其雨

二五 不其雨

七八 其田于宫

咎字說文所無，當從口也聲。

咎字說文所無，當從口兔聲。

曹字說文所無，當從口曹聲。

𡧊字說文所無，當從合片聲，即牄字。

盡字見說文皿部。

盧卣一字，卣見說文乃部。

㞢字說文所無，卜辭以為又及有字。

田本方甲合文，後世變為甲字及田字。柳文重

匚字見說文匚部。

医字見說文匸部。

卣字說文所無，當從卣聲。

凡字見說文二部。

用字見說文用部。

甾字見說文甾部，卜辭段為西字。

其字說文箕重文。

 七九  八四 犬征出罕

罕即干字，說文分干𠦒二部。卜辭叚爲禽。

 二五 卜隼  六〇 受出𨿽

隼犨一字，說文所無，當即雈字。

 八四 禼出撓  一〇一

禼即离字，見說文厹部。

 五三 南庚

南即南字，說文分隸冂朩二部。

 二七  一

庚字見說文庚部。

 八六甲

广字見說文广部。

 八四 禼出撓

撓當即撓字，說文作㝱。

 八五 王𠂤

未詳。或是广字有泐筆。

 八一 王才絲𢇍

絲字見說文絲部，卜辭以爲茲。亦即茲字，絲字。

 三一 ⋮⋮多鯀衣

衣字見說文衣部。

 六二 方由今掛凡

由字說文脫佚，當即胄字。

 三〇 甶辛卯酒  同 甶雨來  四七 甶駐帝  五〇

甶即甫字，見說文用部。

 五一

未詳。

 七一 王入

入字見說文入部。疑與六爲一字。

 七八 其田于宮

宮字見說文宮部。

三二 卯牢又一口

三五 二牢 三七甲 三牢 四八 此牢

七六 京

一七乙 帚口示 三九乙 帚姐示 七二乙 帚喜示

三五 虫于沉 四三甲 六八 辜乎于口

五五 乎伐 六七 乎伐吉方

八二 雉于口

一〇〇。

九二 崋羌尋

五〇。

五 亡囚 七九 亡畎

牢字見說文牛部。卯

𡨦字說文所無，當即牢字。

京字見說文京部。

丁即示字，見說文示部。

于字見說文亏部。

乎字見說文兮部。

集字說文所無。

睪即睪之本字，見說文幸部。

崋從止從幸，未詳。

未詳。以下未明所從。

亡字見說文亡部。

右卜辭百八片中所見文字，二百五十有一，以自然分類法次之，惜材料太少耳。尚擬以卜辭分類編集，以例多不備，故闕之。

天壤閣甲骨文存考釋

福山王懿榮舊藏
秀水唐蘭撰集

第一片骨

卯戊辰己子庚
丁丑戊寅己卯庚
戊丁亥戊兒己丑
申丁酉戊戌己
丁未戊申己
丁子戊午己

第二片骨

丁卯戊辰己子

第三片骨

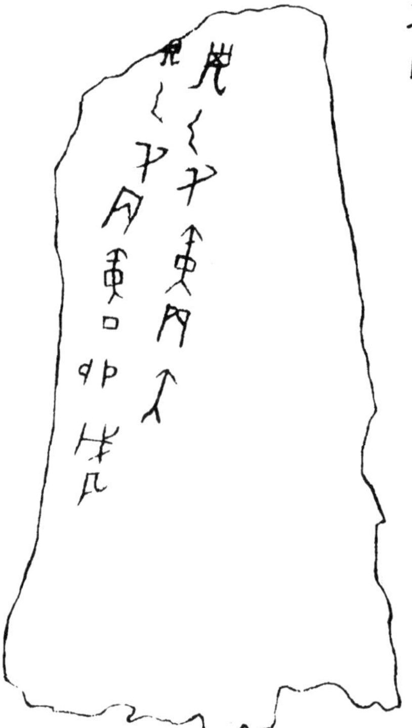

㞢，乙丑，寅丙矢，
㞢，乙丑，丙寅，丁卯，戊辰，

右三片並記六旬之名，昔人稱為干支表。按周官硩蔟氏以方書十日之號，十二辰之號，注云：「日謂從甲至癸，辰謂從子至亥。」日者旬也，辰者曆也。古者未有歷法，或創甲乙之名以紀日，所謂十日也。十二辰之稱，蓋起於天之十二次，左傳昭七年云：「日月之會是謂辰。」後世別作曆字。日月之會，十二次而一周天，適為一歲，由是以推七政行度，此歷術之權輿也。辰與月相似，惟十二月不足一歲，故必置閏，不如辰之諧合。然辰難知而月易見，故或以十二月為辰，大戴禮易本命謂「辰主月」，而十二辰之名，反以星紀玄枵之類代之矣。月有三十日，故旬有上中下，上甲下乙之類是也。後世更以日辰相配合，用以紀日，凡六旬，亦曰五辰。月令章句云：「大撓始作甲乙以名日，謂之榦；作子丑以名月，謂之枝』。其實榦枝之稱，當起於甲子配合之後，同是甲日而有甲子至甲寅，猶同榦而異枝，故謂日為榦，辰為枝也。殷代以榦枝紀日，其去歷法起源，當已甚久遠矣。

卜用甲骨所刻文字，多與兆璺有關，惟六旬之名，多擇隙地為之，不涉卜事，為獨異。或謂卜人籍以記誦稽考，然此實屈指可數者，今世星者推人命造，年月日時之榦枝，頃刻可得，寧有專家世業，而不能舉此六十日名者乎？余謂此皆習書者所為，稱榦枝表者誤。卜骨中恆見習書者之字，此六旬之名，其不同之字，僅二十有二，便於反復學習，殆書法之基礎，故所見獨多也。卜辭書法，在當時自成風氣，如㞢作凵，鼎作▢（即貞字），均與施之方策彝器者不同。此六旬之名，書法之精美者，殆是前輩之範本，而粗劣苟率，如右列三片之類，則新進後學之所為，於此可見其授受之迹。

卜骨所刻榦枝，其例至不一，有全刻六旬者，有只刻三旬者，亦有反復刻三旬者，足證其但為習書也。其書直者，以十日為一行，自甲至癸。按鄭志云：『庚午在甲子篇，辛亥在甲辰篇也。中有甲戌甲申甲午，成一月也。』是漢人書六旬，猶與殷同也。日辰之名，凡二十二字，其與今殊者，商人以十為甲，乂為癸，以㞢丑矢（或作寅）卯辰子午未巳酉戌亥為十二辰。後世因語音之變，以子代㞢，以巳代子。近人誤謂子是巳，甚欲釋好為妃，非也。此子字作□，殊罕見。乙作□，則玄鳥之乞所從出也。

第四片 甲

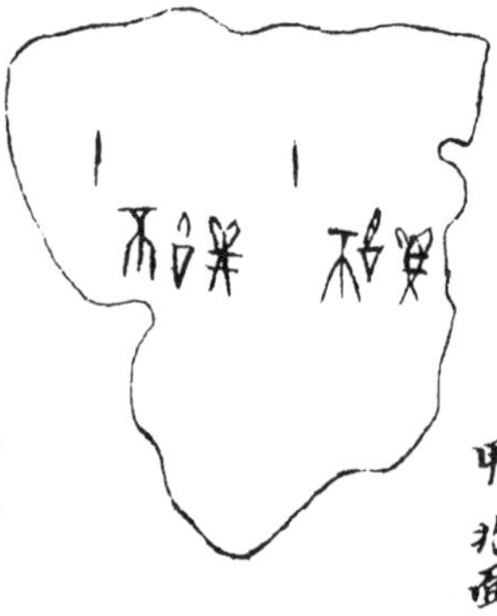

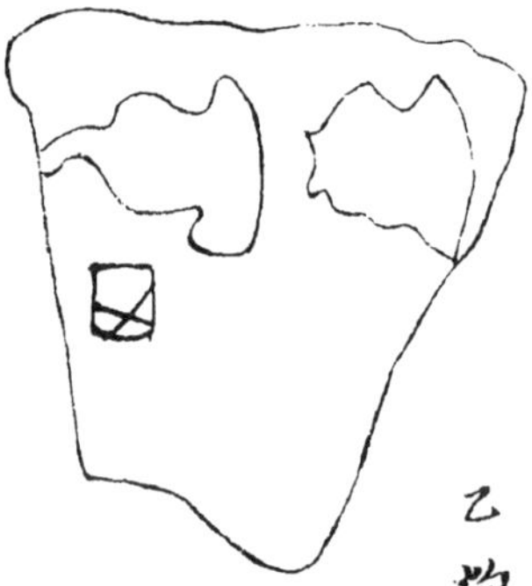

不𢆶□三字，習見，均在兆璺之側，與二告小告等同。孫詒讓釋不絽龜，讀絽為詒。舉例下五十。胡光煒釋不鼅鼄，讀為不踟躕。文例董作賓初釋不罗龜，報告一，六二。後改不絲鼄，從胡讀。斷代研究。陳邦福釋不晤鼄，讀不晤殊。辨疑十一。張鳳釋不吾龜。孳乳研究。許敬參釋不絜龜。存真考釋九九片。郭沫若釋不鏝黽，鏝黽者覭髳也，猶言不迷茫，不蒙朧，不紛亂，言兆璺之鮮明也。或又省作不𢆶，是則單言不漫而已，亦謂不模糊，不漫漶。殷契餘論鏝黽解。

余按□字舊釋龜，固不類。鼄字見金文，自是形聲字，與此亦迥殊。郭氏釋黽，以泉屋清賞著錄之一盤中有黽圖者相比較，極精確。前編八，四三。有一例云不𢆶□，以黽為之，乃其鈇訛。𢆶字或作□，釋為絽鼅罗絲晤吾絜鏝，均與字形不合。卜辭尚有□字，前四，七，六，六，三，三，四，七，三，二，四，佚三二等。象兩手執𢆶之形。又有□字，鐵二三，二，三，林一，二六，十及十一，一二七，十，粹一四二，四，一四二五等。以卜辭午字作□者或作丨證之，□□當是一字。郭氏謂此𢆶形當是某種手工

粹編一四二五片作□，尤足為□即才字之證。餘形則金文偏旁所習見之□□字也。或作□見佚九四一片。作□北大藏骨

工具之象形文，三角形乃器身，上端乃其柄，殊為卓見。惜彼離字形而求諸聲音，遂誤釋為鏤字耳。余謂□□二體，當以□為正體，□為變例，□即才字也。卜辭才字有作□者，如前編四、三一、七片，七、三三、一片等。當是原形。蓋與午杵為同類，而銳首，即甾也。說文「甾，舂去麥皮也，從臼，干所以甾之」。按干非甾之之具，當從才，午所以舂，才所以甾，甾去麥皮，故必銳首也。卜辭有□字，殷契卜辭七二七片蓋由□所演變者。又有□字，前編六、五九、一片或作□，前編五、三二、卌片象□在器中之形，即甾字矣。然則才本杵類之象形，甾之本字，其後由□變為□為□，而所象之形晦，說文訓為艸木之初，而其義更晦。才為所以甾之具，名詞也。甾象以才甾於器中，動詞也。才之本義既湮，後人遂用甾為名詞，才甾固一聲之轉也。緇或作紂，卜辭□從才聲，甾才聲近。史記河渠書「穨竹林兮揵石菑」，漢志注「菑亦甾耳」。由杵類之甾引申之為匕屬之⿰甾欠，有司徹「執挑匕枋以挹湆」，注云「挑謂之⿰甾欠」是也。又為田器之甾，釋器「⿰甾斗謂之疀」，方言五「甾，燕之東北，朝鮮洌水之間謂之⿰甾斗」是也。田器與匕，蓋俱象□之形，故得承甾之名，及田器之義盛行，而杵屬之甾亦晦，其幸而存者，唯動詞之舂去麥皮耳。然□之為形，末或歧出而為□，故小篆變為從干。又變而如卜辭之□、□、□，則又似芇字，說文有𦯔字，云「齊謂舂為𦯔，讀若膊」。實即甾字而異其讀耳。說文甾從干，王筠疑之，謂「干是何物而可以甾乎？」獨段玉裁謂「干猶杵也」，最為有見。今謂當從才，才正杵屬

之器也。

於卜兆旁作不才𠀠三字，其義必與璺坼有關。然則讀為詥龜，咢龜，𨁈躅，牾殊等之不能通，無待言矣。郭氏釋為不鏝𠀠，因解為兆璺之鮮明，其失在先以才𠀠為聯語之非雙聲即疊韻者，遂附會才形為鏝，而牽合之於䚕茅蒐離耳。紀于卜兆旁者，如大吉，弘吉，小告，二告之類，不才𠀠之義，當與相近，鮮明與不模糊，非其義也。余謂才當讀為再，才再聲本相近。（小戎「載寢載興」，文選引作再。）卜辭𢦏字象兩手持才，當讀才聲，考其用法，蓋有三者。如云：「羽甲寅𢦏用于夫甲，」（前四、七、六）「羽乙亥𢦏㞢脩于且，宰㞢一口，」（前七、三二、四）「𡚬𠦪于大甲，」（佚三二）「𢦏㞢匸于……」（契六五三）並用于祭名之前。（祭名于此為動詞。）又如：「癸卯卜，𢀛，𢦏貞，勹旬亡囚，」（見圖）「口未卜，丙，𢦏貞，……」（林一、二六、十）「癸亥卜，完，𢦏貞，勹口口，」（林一、二六、十一）則用於卜人之後，貞字之前。又如：「癸子卜，𡚬，貞，勹亡囚，口口口𡚬，貞，勹亡囚，」（粹一四二五）則在卜貞之閒。除第三例當為卜人之名外，郭沫若氏謂第二例為二人共卜，（粹編考釋一八八）然此例中卜人有𢀛，丙，及完，何均與𡚬同卜，而他人則無一同卜之例，是其說未洽也。蓋前二例中之𢦏字，均當讀為再。𢦏用者再用也。𢦏㞢者再㞢也。𢦏𠦪，𢦏㞢匸者，再𠦪再㞢匸也。而𢦏貞者再貞也。𢦏當讀再，則才亦當讀為再無疑。𠀠或作𡚶，當讀為璺，或為𡋣，皆謂坼裂也。

拓本

本書九十片亦有不再。

黽、𪓕、墨、璺，並聲相近。周禮卜師云：「揚火以作龜，致其墨。」占人云：「史占墨，卜人占坼。」注云：「墨，兆廣也；坼，兆璺也。」賈疏云：「據兆之正釁處為兆廣，就正墨旁有奇釁罅者為兆璺也。」又玉藻云：「史定墨。」注云：「視兆坼也。」然則墨即是璺，墨璺義同坼，對文則大畫為墨，旁裂為坼，散文即通。故鄭於占人以璺釋坼，於玉藻又以坼釋墨也。此云不才黽者，猶不再墨，當為史占墨之辭。他辭或但云不才，如林二、十七、二四及二五片。當讀不再，則以正在墨旁，故省去黽字。

第五片 骨

續編四、四四、二片著錄

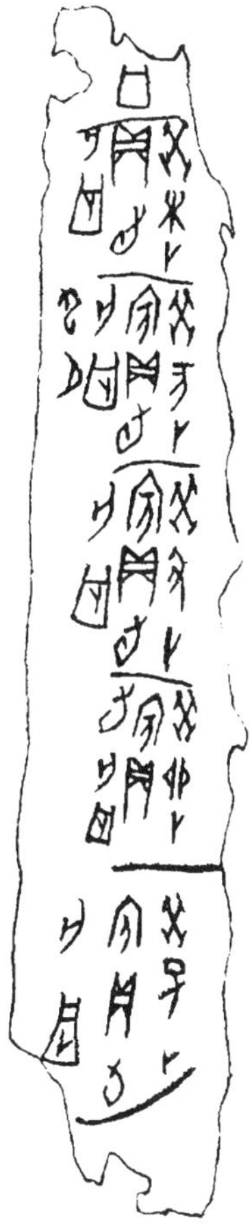

癸子卜，宂貞，旬亡囚。(卟)

癸卯卜，宂貞，旬亡囚。(卟)

癸丑卜，宂貞，旬亡囚。(卟)

癸亥卜，宂貞，旬亡囚。(卟)九月。

癸未卜，貞，旬亡囚。(卟)

囚(卟)

此卜旬之辭。宂與宂同，武丁時卜人名。字當釋為完，亦即宂字，舊逕釋為賓，非也。

囚亦作𡆥，卜辭習見，其用最廣者，為旬亡囚與今夕亡囚，其他但用囚字，以及㞢囚、亡囚、隹囚、不隹囚、至囚、乍囚，在囚之類，例亦甚多。其字華石斧釋卟，類纂正編十五引。葉玉森釋亡𢦏為亡戾，因謂囚與戾之偏旁相合，或即戾之省文。殷契鉤沈。按類纂存疑五三𢦏字引華石斧說釋為狐，而徵文考釋作戾，似本於葉說。郭沫若釋為繇兆之繇之本字，象契骨呈兆之形，而謂⿰⿴囗卜犬與⿴囗卜為一字，從⿴囗卜之⿰⿴囗卜犬為乩之初字，⿰⿴囗卜犬或作⿴囗占⿴囗占為卟字。（甲骨文字研究釋繇）柯昌濟釋⿴囗卜為凶，而謂⿰⿴囗卜犬為从悔从豕，殆即悔吝字。（殷虛書契補釋）瞿潤緡謂⿴囗占或釋為稽疑之稽，說文引作卟。（按類纂存疑三十六云：⿴囗占疑卟之異文。瞿所引或釋殆即此。）按卜辭王⿴囗占曰以下，似非疑問之辭。攷其詞與盤庚上卜稽曰其如台之句法相似。稽考也，視兆定吉凶也。是⿴囗占即稽字而非說文之卟矣。（殷栔卜辭釋文）余則謂⿴囗卜當讀卟，⿴囗占當讀占。說文云：「卟，卜以問疑也」，是先卜而問。又云：「占，視兆問也」，則既卜之問，已卜得兆後書而占其事也。（同上，葉二）孫海波甲骨文編以⿴囗占為占之或體，於⿴囗卜謂從卜從口，說文所無。於⿰⿴囗卜犬又謂從犬從⿴囗卜，說文所無。而以⿰⿴囗卜犬字入附錄，更不加釋。

葉玉森於前編集釋，變其舊說，而謂⿴囗卜為凶字，與柯說同。（卷一上，二八）又謂⿰⿴囗卜犬與⿴囗卜非一字。（同上，四三）郭沫若於古代銘刻彙考續編釋⿴冂卜為冎。（骨臼辭）而於殷契粹編一四二八片之考釋謂⿴冂卜即⿴冂卜⿴冂卜字之草率者，其字簡略出之則為⿴囗卜⿴囗卜諸形，凡卜辭亡⿴囗卜字均是亡冎，讀為無禍。據其片第三辭云貞旬亡火，火禍音近為證。又以初釋為猷之⿰⿴囗卜犬字改為象形冎聲，乃猓然之猓。（考釋一八九）吳其昌謂唐氏以為⿴囗卜即說文之卟字，事殆近是。然旬亡⿴囗卜之文，絕無先卜後問之義，唐說殊為奮肊塗附。亡⿴囗卜之義，自與亡它亡尤相等，然它義為蛇，尤之初義，當亦蟲類象形，此⿴囗卜又為何物耶？吳氏所提出之答案，則謂象器皿之形，為盂為盦之屬，殆為上古陶罐陶甕之象形。其結論謂瓦缶之象形，與亡它亡尤之義何以相涉，則未可知。又据卜辭有禽𠙵之文，詳後。謂𠙵必為虺蛇之屬，又以𠙵與蟲字連文，疑為儲蛇虺之陶缶之專名。武漢大學文哲季刊三卷二號二六二。陳夢家君曾以其文稿就余商榷，亦主𡆥為冎字，與郭氏同。然彼意專屬卜用之骨。又据篇海謂𡆥音剮。陳說未穩，投表與否，余追憶其大概如此。

卜辭之發現垂四十年矣。使人亡𡆥，亡⿰𡆥犬之文，王𡆥，王⿰𡆥犬之語，數盈千百，與榦枝之名、卜貞之屬幾于相等，然迄無滿意之詮釋，此吾人治文字學者之恥也。諸家所釋，極魚龍曼衍之觀，然既未盡通其詞例，又不詳考其字體，望文生義，不求會通。且如華氏以𡆥為卟，⿰𡆥犬為狐。柯氏以𡆥為凶，⿰𡆥犬為悔。葉氏初謂𡆥為⿰𡆥犬省，後又以𡆥為凶，⿰𡆥犬為戾，且最錄⿰𡆥犬字異體，謂其偏旁非𡆥字。此皆昧於詞例之相同，與字體之有變遷者。以董作賓氏斷代例推之，亡𡆥與王𡆥當為前四期所同，亡⿰𡆥犬王⿰𡆥犬則第五期帝乙帝辛時物也。余嘗得拓本，其卜人有名⿰𡆥犬者，其從𡆥至顯。見後葉附圖，此拓本疑為中央研究院流出者。然則𡆥變從犬作⿰𡆥犬，而𡆥又變為凶，是不僅四字之形有關聯，其聲亦必相近也。狐凶悔之屬，與字形了不相涉，唯以⿰𡆥犬為戾，與字較近，故頗有從者，然⿰𡆥犬為戾則𡆥將為户，固不能通也。郭氏先釋𡆥為繇，謂由形而言，象兆骨呈兆，由音而言，可通假為卣，

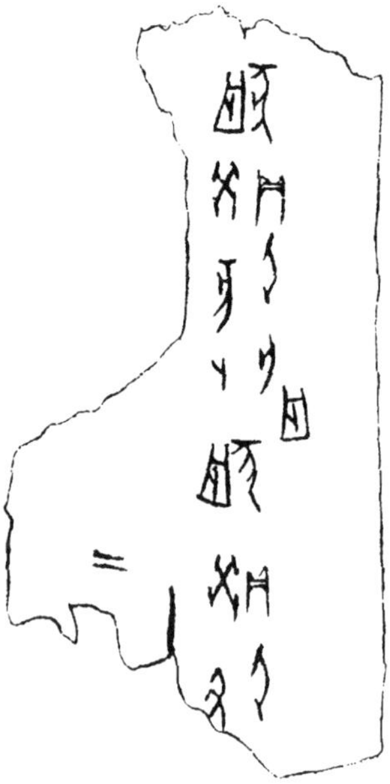

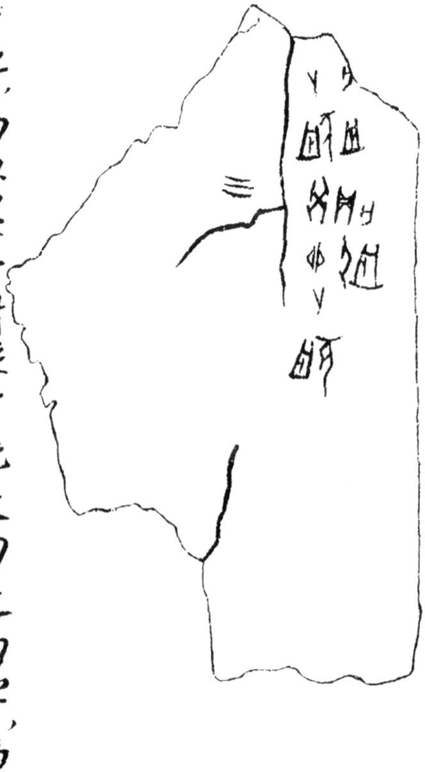

然繇𠙵之形，相去絕遠，因謂𠙵字已失傳，而以墨子耕柱言兆之由之由字，為𠙵字之誤。其次又以敂字用例與𠙵全同，而定為一字。謂以聲類求之，敂當為猷之別構。而卜辭有猷字作𢿱，或作𢼨，𢼨敂猷殆非一字。因謂𢿱𢼨敂俱不從犬而從鼠，而以猶為鼬鼠。因以敂為從𠙵鼬聲，或𢿱省聲，𠙵之繁文。更謂繇為周人所造，以代替𠙵敂之用。而囟字則釋乩，謂從𠙵乙。固則釋叶，謂從𠙵口，與从口卜同。綜觀所釋，蓋分四字為二系，固較勝於華柯葉諸說，然釋囟為乩，囟所從實非乙字，固字亦不得謂從𠙵口，已不能通。其以𠙵為繇，敂為猷，則先有契骨呈兆為繇之觀念而牽合之，既無直接之証，於敂謂為從鼬聲，或𢿱省聲，尤近穿鑿。謂𢿱為鼬鼠形無據。𢿱省聲之說尤誤，凡言省聲，必先有不省之字也。且𢿱當釋猷，非猶字，詳余殷虛文字記二六。故郭氏於其後自變其說，而以諸形逕釋為冎字，而以𨟭為稞然之稞，從冎聲。以偏旁分析之法言，其新說自較圓通。然其支離之點，亦正不少。郭於釋□為繇時，曾舉𦅫彝之□曰為證，郭以為鬯卅卣三字，余謂當是書卣二字。謂曰為□之省，假□為卣。見釋繇及青銅器研究上戊辰彝考釋。此為□字在卜辭以外唯一之良好證據，□字見於金文者，唯此及王令明公尊，然尊銘之讀難定。且郭釋曰為卣，至精且當，為吾人所心折，而於新說中竟不復論及矣。余嘗釋□為過，古文字學導論下二八。及兩周金文辭大系圖錄序。郭氏於大系攷釋過伯𣪘下云：「過字原作□，唐蘭說如是。卜辭有□字，原注：日本京大藏片。又有從□之字如□，原注：疑是𠭯之古文。魚鼎匕有兩□字亦從此作。依唐釋，則□當是骨字矣。攷釋五四。今於其新說亦不復道，不知其意於□及從□之字，又釋為何字也。由形體論，余釋□為冎，不可移易。然則□不得同釋為冎，明甚。陳夢家君謂余，□□實一字，然余尚未見此兩字間有若何之關係。且郭氏舊說於亡□在□，亡□自□諸詞之□或□，讀為繇。於今□巫九畓之□，讀為由自之由，並釋繇，於□凡讀為遊盤，卜辭通纂一六九。而殷契粹編中又直釋畓為咎，考釋五三。一 今釋□為冎，讀為禍，則此諸詞皆不能通，未必如其所言之字字順適也。郭氏之書，恆有驚人之發現。然文字學者雖蟲小技，貴於縝密，彼所立說，或不免大刀闊斧之病。其於□字，始終為象骨形之觀念所誤，不知□之或體不從卜而作□□等形者，顯然非骨形也。陳夢家頗支持郭說，而謂□即象卜用獸骨之形，今即不論□之兩直筆必高於橫畫，不類骨形，而冎字固不得象卜骨之形。何則，文字源於繪畫，非一人之力所能創造者，骨肉毛羽，隨所見而象之，豈必有卜用之牛胛骨始制冎字哉？至若篇海之類，不足引據，田之音剮，焉知非因之譌字也。

瞿君釋𡆧為稽考之稽，而非稽疑之稽，因以為非卟字，其說失之沾滯。稽考稽疑，相去幾何，而可分哉。余釋𡆥為卟，𡆧為占，實緣其說而發。彼時於此類卜辭詞例，未盡貫通，不欲支蔓其辭，故僅引說文以別兩字之不同，非謂亡𡆥之𡆥當訓為卜以問疑也。吳氏謂余為舊說塗附，其操筆責人，何其嚴也。余讀吳氏之文，辭藻繁富，往往累千百言，而終無結論。故謂𡆥為瓦缶之象形，而其與亡它亡尤之何以相涉，為未可知。至其所謂委曲隱微可以推見者，舉禽冎之文，乃卑冎凡㞢疒之誤，見附圖甲。貞蠱冎之文，又㽙冎凡㞢疒之誤，附圖乙。則其謂冎為虺蛇之蟲與儲蛇虺之陶缶，殊無以

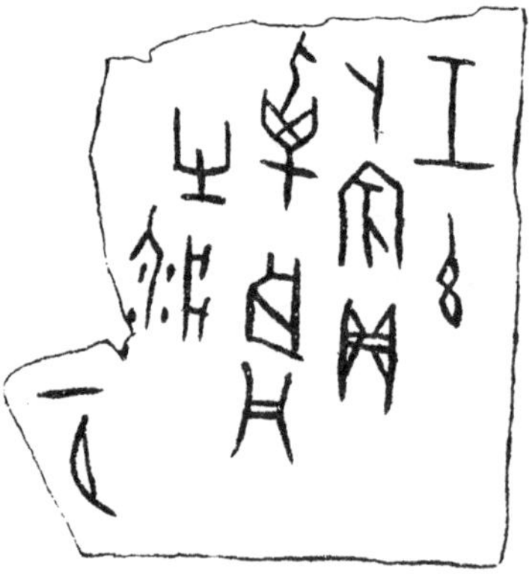

甲
林二．二．四．

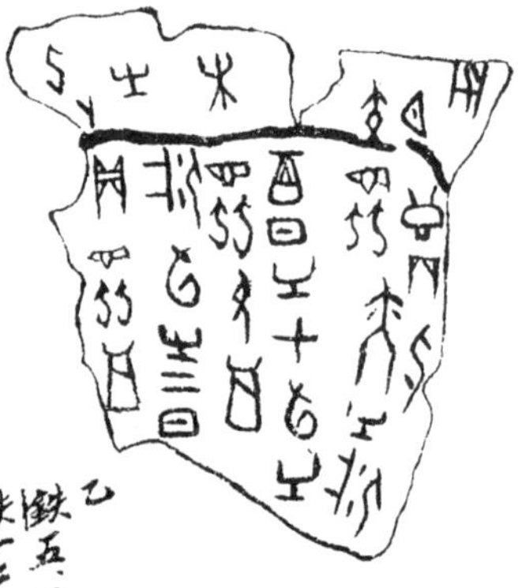

乙
鐵五．三．
佚一二三．

……井。
……夕良，丙申
(六)(日)(庚)寅，㽙亦㞢疒。
(凡)(㞢)(疒)。百日㞢七ㄅ㞢
(乙)來㽙，允囚
(凡)㞢疒。ㄅ㞢二日
(甲)申卜，貞，㽙囚

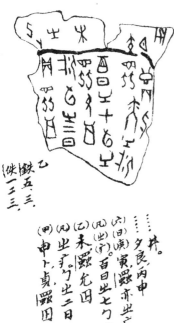

匋倉形製可參看中國明器圖版十。

徵信也。然其以□□等形，為象器皿之狀，且引李濟殷商陶器初論兩瓦罐，其一作形，第一圖又一作形，第二圖為證，為諸家所未及，其卓識亦不可泯沒，獨惜其引李文時，於李氏名前者為𢍁，竟加忽視，而但稱為瓦罐，遂謂因為象陶缶之形，以與有它器缶之成語相合，而終不能通貫也。按李濟之說，本諸吳大澂，吳說見商務印書館印古陶器倂跋語。蓋緣古𢍁字象兩手奉尊形，因推知其器不作平底而作圜底。其說至為精確。惟𢍁字象兩手奉酉，酉即古酒尊字耳。酉與卣聲相近，爾雅「卣，中尊也」。然則卣是尊之屬，其字形當與酉之作□者相近。卜辭□□諸形，與尊形略同，而為平底，有似李文中第二圖之瓦罐。歸夆彝云「書□」，又□讀為卣，則□即象卣形無疑。余意卣之有提梁者，後世之製，其原形當如瓦罐，或以繩約其頸，則提梁所自仿也。如瓦罐而較長，變為□形，則銅器中□卣一類之型式也。後世卣既有提梁，而卣字作□者，卜辭或增飾而為□，小變為□，則與卣相似，及殷末，遂段卣為之，而字形與器懸隔矣。卜辭倉字作□（通纂別二八〇）其中所象即卣形，而上下有覆戴之器。卣之為倉，猶酉之為尊。漢後匋倉，今猶多存者，其形正作□，是卣之原形，尚可藉以考見也。

余既考定□象卣形，則與□有關之字，及其在卜辭中之讀法，可迎刃而解矣。然尚有一事宜注意者，□字象卜在□中，吳氏謂□□同象器形，實誤。郭氏之所以訓□為契骨呈兆者，蓋謂卜象兆璺之狀，故不得不謂⊔為契骨。及其釋⊔為冎，則又畧去從卜一點而不問矣。余按說文：「卜，灼剝龜也。象炙龜之形，一曰象龜兆之縱橫也。」又云：「兆，灼龜坼也。从卜兆，象形。兆，古文兆省。」是謂卜兆二字，俱象龜之璺坼也。然余意異於是。攴字從又從卜，許氏說為從又卜聲，以卜辭金文之從攴之字考之，則卜者所以扑擊之物，攴者手持卜以扑之，其讀如卜聲者，象意字之聲化也。鄉射禮：「取扑搢之。」月令：「司徒搢扑。」舜典：「扑作教刑。」偽孔傳：「扑，榎楚也。」學記：「夏楚二物，收其威也。」注：「夏，槄也。楚，荊也。」左文十八傳：「歐以扑抶職。」注：「箠也。」余謂此諸扑字皆當段為卜。蓋卜象物形，為名詞，攴與扑為動詞，諸書段動詞為名詞耳。夏是山楸，或謂用其枝，箠楚之類，則或以荊，或以竹，不妨有枝，故卜字象之也。卜既扑之本字，無緣更為炙龜與龜兆之形，明許氏誤也。近董作賓氏申許說，以為「卜象兆璺，而特異之點，即在卜字之歧出，或左或右，各隨其兆璺而定。如本篇文辭所屬之兆為┤形，則此文中之卜字即向左歧出而作┤形。一如兆之坼文。兆坼在右則反是。千篇一律，絲毫不爽。所謂象龜兆之縱橫者，又增一有力之證據矣。」（安陽發掘報告一，一〇七）余謂董說似是而實非。凡卜之甲骨，背面施鑽鑿而後灼之，則正面必有璺坼，其形大抵為┤或├，然卜辭之卜字則絕少有為此形者，明不隨其所屬兆璺之形而書也。璺坼之形，有時左右俱有，而作┼形，（如田野考古報告大龜第六版，）卜字固絕無此形也。蓋甲骨之為兆璺，左右恒相鄉，而其卜辭之左右行隨之，其書文字之左右鄉亦往往隨之，（如田野考古報告大龜第五之九八，九九兩辭中有卜夕亡四字均相對可證。）固不僅卜字為然，則此不足為卜象兆璺之證也。（董氏又以灼龜之聲為說，然扑責之聲亦相近。）至𠧞象龜坼，尤為不類，坼文從未見作𠂔形者。董氏知其不可通，而別為之說曰：兆之為象形字同於卜，其異點則在兆為多數坼文之代表，卜則僅表一坼文而已。嘗於甲文中見兩兆坼之間，有鈎勒之處，蓋所以劃分兩卜辭之界限者。亦實即兆之象形字也。（發掘報告一、一〇九。）按董說頗具巧思，惜不合於理。鈎乙者施於卜辭，且為偶然之舉，今以之牽合璺坼而為兆，則無卜辭與鈎乙之璺辨，不得稱兆矣。此必不然也。余謂卜之有兆，蓋取其孔穴之義，引申之，亦為璺坼之名，實段借字，非象形也。卜辭習見𣲙字，昔人誤釋為沙者，余以為兆字。卜辭用為地名，即洮也。壺文姚字偏旁作𣲙，漢器亦多如此，（見金文編，金文續編）則逆寫其一人。說文引古文作𣲙，是水形之乙稍低，而𣲙誤為𠂔。此猶垂本作𣲙，而說文誤從𠂔作𣲙，書分北三苗，虞翻本作𠂔也。是𣲙即兆字無疑，要非象璺坼者。至𠧞字當從卜兆聲，更無論矣。總之，卜兆兩字，本皆不象璺坼之形，則𠧞字之從卜，當別有故。余謂原始民族，占卜之法極多。見於書傳者，如史記孝武紀有雞卜。風俗通有瓦卜。番禺雜編舉嶺表之俗，有雞卜、鼠卜、米卜、蓍卜、牛骨卜、雞卵卜、田螺卜、篾竹卜。今民間猶東非巴干達人以九木棒投于水壺，視其聚散，奇則主凶，偶則主吉。見漢譯本路威氏文明與野蠻三三二葉。按左傳枚筮，當是以枚代蓍，然用以觀奇偶，固無異於原民也。

有枒筊卜、紫姑卜之類，其來均甚古。荊楚歲時記已載之。則古代中國之卜，不必限於蓍龜也。以⿴囗卜字之形觀之，當是以荊條竹枝之類，投於卣中，驗其所向或俯仰，以定吉凶。左傳哀公十七年：『王與葉公枚卜子良以為令尹。』杜注：『枚卜，不斥言所卜以命龜。』又昭公十二年：『南蒯枚筮之。』杜注：『不指其事，汎卜吉凶。』偽書大禹謨：『枚卜功臣，惟吉之從。』傳：『枚謂歷卜之而從其吉。』按杜氏兩釋枚字，一則曰不斥言，一則曰不指其事，然枚無此訓，或是由銜枚之義引申，則未免過於迂曲矣。偽孔訓枚卜為歷卜，固較杜為勝，然與左傳不合。余謂枚是卜筮所用之具，昭十二年正義：『禮有銜枚，枚所銜之木，大如箸也。』今人數物云一枚兩枚，是籌之名也。其說甚是。襄公十八年：『以枚數闔。』杜云：『枚，馬檛也。』則枚義與攴相同，故其字從攴。然則枚卜枚筮者，觀枚之俯仰向背為卜，觀其奇偶為筮，而不用蓍龜耳。今俗閒猶以箸卜吉凶，或其遺風。⿴囗卜象卜在卣中，當即枚卜之屬。

綜上所論，卜字本象篳楚之類，或即籌策，古人用為占卜之具，後世承之，為一切占卜之公名，本與龜兆無涉也。璺斯與卜字略相近，固可襲卜之名，然此特魚腸為乙，魚尾為丙之類，非乙丙之字由魚起也。⿴囗卜為卜在卣中，當讀卣聲，書傳並借繇或由為之，本當為卜所得吉凶之象，引申之則為象之繇辭矣。占字從口從卜，為見卜象而以口占之。然⿴囗卜之與占，其事至近，聲亦相轉，猶酉之為尊，卣之為倉也。

亡咎亦即亡猷，卣猷聲亦相近。

卜辭□即卣字，用法有八。最習見者，為㞢□亡□等辭，其字作□前六，三八，六□□後下十四，二，□徵三十，四，□後下十一，六□□徵三十，五□□徵三十，二□□□徵三十，三□徵三十，七□拾十十六等形，或作□徵二九，十，與□相近。其讀皆當借為咎，王國維引『易「雖旬无咎」』以釋卜辭之勹亡□，或勹亡□，最確。卣咎聲相近。書曰：『非予有咎』，有咎即㞢□也。其次為□凡□𠬞之辭，其字作□鐵五，三□前五，二一，七□林二，二四，□鐵二，一五，四□前七，二一，四□林二，六十，三□前一，四三，六□鐵七二，一□續三，四七，七□林二，十四，十六，□前五，十，一□後下十四，九□林一，二二，○□後下三七，五□後下一七，一三，等，變形甚多，學者往往以為非一字，其實作□□等形，本狀卣之有流，□或作□，其所從之□形，最為傳神，此類均其鵠變也。卣凡鄘讀為游盤，非是，或釋骨盤，尤屬可笑。余按凡卜辭讀為同，蓋同作□者當為從□凡聲也。卜辭卣凡或作卣□前五，二一，七，□從兩手持□，即𢹸之本字。又有殘辭云：『……史……畀……广』前五，二一，八，及『……卜，采……畀……㞢……』續五，二二，九，當是卣畀㞢广之闕文，畀即興字也。說文興字從舁從同，同力也。卜辭作□則象兩人奉□，以象意聲化例推之，當為□聲。□□一字，故後世從同作興。然則卣同卣凡與卣畀，其聲義當相同。古書用興字者，義多若同，微子云：『小民方興，相為敵讎』，即小民方同相為敵讎也。又云：『殷邦方興，沈酗于酒』，即殷邦方同沈酗于酒也。又云：『我興受其敗』，我同受其敗也。呂刑云：『民興胥漸』，民同相漸也。詩抑『興迷亂于政』，同迷亂于政也。是則卣與當讀為卣同。卣當讀若逌，尚書攸字，漢書多作逌，是卜辭之卣凡即古書之攸同。禹貢『灃水攸同，』『九州攸同，』詩蓼蕭『萬福攸同，』文王有聲『四方攸同，』可見為習語。攸與猶猷通，盤庚『暨予一人猷同心，』猷同即攸同也。攸者維也，攸同即維同，猷同心即維同心。故卜辭習見之卣凡有疒，（若卣與㞢疒）當讀為猷同有疾，亦即維同有疾，如『子龏卣凡㞢疒，』（林二，十六，四十六）『壴疾凡弗其卣凡㞢疒，』（後下三七，五）是其例。其曰『㐅未卜，𠧪貞，畫弗疒，㞢疒𠧪凡，』（甫八，六一）則首貞弗疒，次貞㞢疒卣同，即有疾攸同矣。尚有特異之一例，曰『貞羽乙子子漁卣凡，㞢耳戠，』（續三，四七，七）不與㞢疒連文，似當讀為猷同儐，謂維同儐也。逌攸猷並與由通，卜辭又云『方由今𣞤冃，』（六二片，詳本書）由凡當即卣凡，𠧪當釋卣，此亦一證。三曰卣告，如『㐅酉卜，王，□𠧪告，』（鐵八六，一）『㐅酉卜，□弜𠧪告，』（拾十八）『……貞大𠧪告，』（前五三，三）𠧪告于大邑商，』（通纂五九二，鄘以𠧪屬上句，作『不曹戠囗，』非是。）昔人或誤以𠧪為豆字，雖非，然可見其為器形也。卣告當讀如猷告，多士『王曰，猷告爾多士，』多方『猷告爾四國多方，』『猷告爾有方多士，』並可證。大誥云『猷大告爾多邦，』猷大告殆即大卣告矣。四為『四𢑚㞢一𠧪』之文，（林二，三〇，一二）𠧪即鄘氏所誤釋為骨者。余意當釋為四豕有一卣，（𢑚即豕字，詳本書十七片）卣讀為猷，說文『隴西謂犬子為猷，』卣幼聲極相近，卣義殆為豕之幼者。如他辭之言㞢𣪊。（𣪊讀若殼，詳本書六十三片）明義士所藏有一辭云『㐅丑三𠧪一用一……』（詳附圖）其義不可詳。𠧪字或亦當讀為

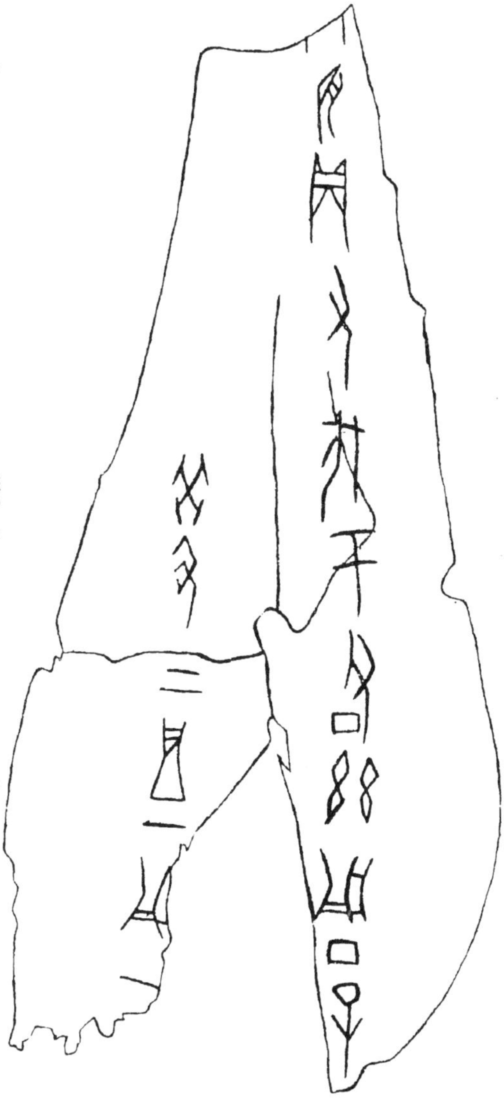

明義士藏骨

丙辰，貞，又伐于父丁，茲用。丁子……

癸丑，三卣一用一……

猷若幼。五為『……矣三，圓卣三，』戩四六，五。『……圓卣一，』林一，七，三。『丁未，矣三，卣六，』粹一五二四。『……三，圓卣八，』粹一五二六。『口卯，矣三，卣三，』粹一五二七。『……矣三，卣七，』粹一五二八。『……矣三，卣七，自口，』粹一、五二九。『……卣三，自矣，』粹一五三〇。『辛子，矣三，卣……』粹一五三一。『丁亥，矣三，卣……』粹一五三二。『辛酉，矣三，卣八，』粹一五三三。『壬辰，矣三，卣三圓，』明義士藏骨。等辭。郭沫若謂『殷人于龜甲亦稱圓，』因讀叀為鑄及鑽，卣為剛，謂『鑄若干龜，鑿若干骨也。下繫以自口者，志龜骨所自來。』粹編考釋二〇四。按郭說假擬太多，不可從。圓從貝而以冂繞之，冂即勹字，亦即旬字，圓即是貞，當釋為䝭，玉篇『䝭，稟給。』新撰字鏡『䝭，贖也。』天治本十，十七。王仁煦切韻『䝭，稟給，又貨贖。』掇瑣本。說文偶遺其字，羅振玉釋為珍，郭又以為龜甲，並非也。叀蓋矢及寅之異文，釋鑄鑽亦誤。叀及

文錄六〇二作卣

圓，他辭均用為人名，此不知何義。以句例推之，似當以㞢幾圓，卣幾圓為句，其僅作㞢幾卣幾而無圓字者省文也。六為祖庚祖甲時之卜人名，其字作卣，前人目為奇字，今以卣凡㞢疒一辭之作卣形者証之，知亦卣字也。卣字在卜辭中變化頗多，而此卜人之名則有固定之書法，一如後世之簽名。此可證商代文字往往因用途之別，有特殊之寫法也。七為「戊辰卜，王貞，𢼄卣囗㞢事。」（粹六一。）卣為卣字，疑讀作由。八為今卣巫九𤰈之辭（及今卣巫九田），其字作卣（林二，二五，八。）卣（前五，二四，二。）卣（藍文八三。）卣（藍文八四。）卣（前四，三七，五。）等形，為帝乙帝辛時期之卜辭。卣當讀為繇若由，亦即說文卜問之𠧩。殷庚「不其或𦽀」，漢石經作「不其或迪」。迪從由聲，則由𦽀之聲可相轉也。此外如「貞，羽甲申子大𤰈卣」，（鐵百四九，四。）似是國名，而疑有闕文。「丁卯卜，王，卣元。」（前四，三二，四。）其義未詳。「已未卣各𣥚」（前五，二四，四。）「丁酉卜，王，卣。」（前六，五八，八。）卣卣二字疑卣之異文，義亦未詳。

囗字象卜（朴）在卣中，當讀卣聲，故卜辭多與卣通用。亦即𠧩字，蓋囗之異構為卣（前八，一四，二。）移卜於囗上，（此猶𣏟為𤰈，𠂔為貞，古多有之。）或又移卜於卣旁，（如貢為貯。）則囗可為𠧩，有似從口矣。說文：「𠧩，卜以問疑也，從口卜，讀與𦽀同。」朱駿聲謂「與占同意」，疑即占之或體，音讀異耳。（通訓定聲頤部。）余謂𠧩占實非一字，𠧩從卣不從口也。然𠧩占之聲實相轉，隸古定尚書以乩為𦽀，昔人以乩為俗字，實則乩本當作𠧩，假借沾字耳。𠧩字在卜辭之用法有五。其最習見者為亡𡆥，㞢𡆥，隹𡆥，不隹𡆥，至𡆥，乍𡆥（降𡆥 求𡆥）以及（某）𡆥不（某）𡆥之類，皆當讀為咎，與卣字同。今讀如稽者，殆由咎之聲轉也。抑王寍……亡𡆥，其後恆作亡尤，𡆥來亡𡆥，其後恆作亡𡆥，則𠧞之讀如稽，或自殷世已然矣。其字形以作𡆥或𡆥者為最普遍，其異構作𡆥林一、二七、十𡆥林一、二七、二𡆥鐵二、二二、三𡆥鐵一、三一、一𡆥鐵三、六一𡆥鐵三、十六𡆥拾一、二六、四等。或作𡆥前六、三八、五乃媘變之形。作𡆥前四、三八、六則卜已躍然欲出矣。二為才𡆥之詞，如「隹𡆥我才𡆥。」前五、二五「不隹𡆥我才𡆥」戩四六、十二……（釋觥二）至于口毓，亡卷才𡆥」明八、一八疑並當讀為鯀，所得之象也。郭謂亡𡆥為亡卷在𡆥之省，非是。三為人名（地之），如：「壬申卜，㱿，貞，𡆥爯典乎𠂢，」前七、六一猶云（是人名）「沚戠爯册」也。又如：「丁丑卜，王，貞，令𠂢帚方于𡆥由王事」前八、十四、二則似是地名。四為「王𡆥曰」之辭，其字作𡆥，後下十二或作𡆥，後下十七、九蓋後於𡆥字而前於𡆥字者。當讀為鯀，若由，王言其兆之由也。亦可讀為占，𠧞占聲相轉也。學者往往以𡆥畎與𡆥𡆥分為兩系，據此可証其本一貫也。五為「今𡆥巫九备」之辭，其字作𡆥前二、二五、一𡆥前三、二八、一仍讀𠧞，與作𡆥同。

𡆥字為卜人之名者，如𡆥前當在董作賓所謂第二期或第三期。在第五期中，則以亡畎代亡𡆥，亡卷才畎代亡卷才𡆥。前者習見，惟多為貞旬貞夕。後者見前三、二八、一或作亡卷自畎，見後上二〇、七，及前三、二七、七。其讀當與𡆥𡆥同。其字當從犬𡆥聲，故有𡆥前一、六六𡆥前二、三五𡆥前二、一三、一𡆥𡆥前四、一五𡆥前四

戩四五、四云：「己丑卜，㱿，貞，隹其又𡆥」。又云：「己丑㱿，貞，王乎隹又由」，疑又𡆥即又由，則𡆥讀同由也。

又按备亦或以𡆥為之，如「前五、二四、二今日巫九𡆥」，𡆥上不能容𡆥形，非闕文也。（鐵八三「今日巫九𡆥」亦無𡆥形，此兩片𡆥多缺畫，然皆缺橫畫，𡆥實不當缺，則其文本作今𡆥巫九𠧞耳。

一九、猷前三八、六六 猷前八七、一 猷後上十三、等形。或從甾聲，故又有猷前一五七、猷前一一七、四 猷前一二一、四 猷前二、四七、猷前六、六六、猷前二、四二、一 等形。然後世既無猷字，亦無從犬卟聲之字。余謂猷實周以後之猷字也。金文如毛公厝鼎、周王𤞞鐘並有猷字。小篆無卣字，朱德垣謂卣字無從下筆，當即酉之誤體，或以為卣字非。德垣為朱駿聲父，說見通訓定聲豐部。其說雖未盡，然卣與酉之關係，確至密切。蓋酉卣之器形本最相近，其音又同，其字形之作卣者，與酉之作酉者，藍千三又相似。則於以卣代卣，而卣字亡佚之後，其用卣字為偏旁之字，失其據依，除卟咕之類，變從口者外，若猷字之類，必以其一家眷屬之酉字代之，可無疑也。猷變從酉，酉酋一字，斯以猷為猷矣。卜辭於狼字往往以犷為之，此又猷即猷之一旁證也。郭於此字初釋為猷，甚是，惜惑於以貄貄及猷為猷之謬說，認為猷有三形，而為之輾轉牽合，至於以猷為䑛，則更誤矣。其後說以為猓然之猓。按周禮巾車『然𥿋』，注『然，果然也』。余疑果然之名，本不從犬，吳都賦作猓然，玉篇作猓燃，皆後世增之耳。按爾雅『猶，如麂，善登木』。麂為狗足。說文『猶，玃屬』。呂覽察傳云『犬似玃，玃似母猴』。然則猶之為獸，當為猴類，而大，其狀似犬，古人誤以為犬類，因從犬耳。

卣或作卣卣，無多變體，蓋與亡卟之作卟者同為第一期作風也。較後則作卣若卣，更後則作卣，則知卣當從占卣聲，王固曰當讀為王繇曰矣。然因讀為卟，卟占音轉，則謂為從卣占聲亦未嘗不可，讀為王占曰，亦通。其字今為咕，商氏已啟之。殷虛文字考。

巫九當即九巫。戩二五、十二云「邗先于九巫」。是殷有九巫也。海內西經有巫彭、巫抵、巫陽、巫履、巫凡、巫相，大荒西經有巫咸、巫即、巫朌、巫彭、巫姑、巫真、巫禮、巫抵、巫謝、巫羅十巫，疑皆殷世有名之巫。巫彭作醫，見世本，巫陽見招魂，巫咸見書。

余按由囟變為凷，後人不知凵之為卣，遂為咕字，與卟字同。史記魏其侯傳「咕囁耳語」，玉篇引穀梁傳「咕血之盟」，則漢以後有咕字，然占繇之本義亡矣。卣字之代囟字，在第五期，卣旁着丿，象有器盛之，猶匧之作医也。卜辭字小筆畫有誤併者，如前二、十六、一，作卣，其右邊特肥，乃誤合兩畫為一，二、三五、一，作卣，尚留半筆，非不作丿旁也。其字或從卣，作卣續二、一一、三，卣續二、一一、六，卣續二、二三、二一，卣續二、三六、七，卣續二、四二、三等形，或從囟，作卣續二、三四、三，卣續二、一七、八，卣續二、二二、二，卣續二、三三、二，卣續二、二五、一等形。俱與卣之作卣者相近。此期中以此為王繇之專字，而於卷幾卣之文，反作卣本書三二，故卣卣專行而卣卣廢矣。王卣之文，卜辭或作冃，乃羽字，續五、十七、三疑為筆誤，不然則音近而叚借也。

𠧟字前三、二八、一又作𠧟前四、三七、五及𠧟甲骨文斷代研究例附圖皆見於今囚巫九备之辭。其辭或作今日巫九囚，則备與囚通，其辭亦應為卣若卟矣。郭氏初以巫九备為人名，後又謂未能明，殷契餘論十九而於粹編考釋寫备為咎，而無說。余謂此語當讀為今卟巫九繇，或今卟巫九占，巫九占當為占法之一種也。以字論，則𠧟與各相近，由卟咕之例推之，得變為各。古自有各字，此特相混耳。西伯戡黎云：「格人元龜，罔敢知吉。」格人舊不能解，余謂當作𠧟人，即占人也。盤庚云：「非廢厥謀，弔由靈各。非敢違卜，用宏茲賁。」舊以各非敢違卜為句，不可通，各亦當作𠧟，弔由靈各，謂淑由靈繇，或靈占也。𠧟之字象有足來至囚說文謂「巫咸初作巫」，余謂巫者筮也，筮及□同音者巫術，故字並從巫耳。《周禮·簭人》：「九簭之名，一曰巫更，二曰巫咸，三曰巫式，四曰巫目，五曰巫易，六曰巫比，七曰巫祠，八曰巫參，九曰巫環。」鄭注讀巫為筮，謂是筮遷都邑之類，甚誤。劉敞、陳祥道、薛季宣並讀如字，謂巫更等為古精筮者九人，巫咸即《世本》作筮之巫咸，巫易即《繫辭》之巫陽，其說甚是，則卜辭之巫九备疑即《周禮》九筮也。

又按「𢦏□□犬」之□，釋為牲色，為是，蓋假為幽。卣、幽聲近。

上，其本義或是卜而神靈來降於繇與？

□亦卜辭奇字之一，舊多不釋。頃郭氏論之云：「當是黑之初文，象卜骨以火灼處呈黑也。字有作□者，即牛膊骨之象形，□象骨臼，上有點者示臼上有刻辭也。凡曾與卜骨接觸者，一見即可知此字與骨之施鑿面相似，而其面之顯箸即象則灼處之黑也。金文作□，下從赤，上端猶存其遺意。」（釋沇，續四）今按此說殊多可議。骨上灼痕，無由代表黑色。金文□字當由□若□變來（□亦與此無關），且同一點也，在上則為刻辭，在下乃為灼處，可見其矛盾。蓋郭氏以□為象骨形，又因卜辭言「𢦏□犬，來三宰，卯黃牛」（續二·六八·八），以為□犬黃牛同例，故定為黑字。其實殷人於黑色用幽字，而卜辭別有一例云「□一犬，一靑。來四豕，四羊，靑二。卯十牛，靑一」（庫一八七九）。□與來卯同例，則𢦏□犬者當是𢦏犬兼□犬，非色名也。余按□或□仍是卣字，卜辭醜作□（其□作□）可證。卣以盛鬯，其為倉則以盛米穀，故於□或□形中實以點，象鬯或米穀形也。卜辭此字之用法有六。曰：「隹□我才囚。」（前五·二二·五）曰：「……方出，不隹□我才囚。」（戩四六·一二）其□字仍當讀為咎，隹□我才囚者，唯咎我在繇，猶後之言亡咎在囚矣。此一也。曰：「㞢二□，不隹咎。」（梁六·五八）（「貞……二□……㞢……从……咎。」梁五·七九）此當為名辭，其義未詳。二也。曰：「……□而□。」（鐵六四·一）疑與盧而之盧同。三也。曰：「……㞢（其）來……㞢（亢）來……口弔……東啚，戔二邑。王步自𨙶于□司……丑夕良。壬寅，王亦□夕□。」（菁六）郭氏釋夕良

（前二八．三，尚有□字，亦似即歔字。）

為月蝕，（郭說誤，其辨見余殷虛文字記四二。）因謂□為惡意之動詞，（通纂攷釋九一。）余謂非是。□當如留，若休，「王步自□，于□司，辛丑之夕皀，壬寅王亦終夕稽留」也。有一辭曰：「貞王□其虎，」（佚六六四。此辭或有缺字。）□或亦讀為留。四也。曰：「求于西，□一犬一青，求三豕三羊青二，卯十牛青一。」（前一．九八．七。）「求于東三豕三羊，□犬，卯黃牛。」（簠典一八。）「帝于東，□□犬，求三宰，卯黃□。」（續二一八。此為北大藏龜。）「㞢于母□犬，……三羊三豕一……卯……」（鐵一五〇．一，今歸馬衡氏。）「……東□……，西□犬求白……幽……」（後下九．五。）「己卯……祈……□犬……」（前六．三六。）「……□犬，求……」（續二．五五．六，此北大藏骨。）凡此□字，皆用于犬，疑當讀若辜，磔狗以祭也。大宗伯「以疈辜祭四方百物」，此云求于東，求于西，正是方祭也。□及□卜辭往往借為殺，殺音如皋，當可轉為辜。五也。曰：「御□于父乙。」（後上二三．七。）「……御……□。」（鐵餘十一。）皆為人名。六也。（前六．五九．四，云：「□□，王固曰：□。」其義未詳。）

卜辭尚有□字，云：「……于又□叀今……」（戩四六．八。）似從人旁，其讀未詳。（歔字或當從卣旁。）又有□字，云：「王令□示□，」（佚二一一片。）商承祚釋犀，余昔誤從之。（殷虛文字記二九。）今按非是。□當作□若□，巨口小頸而大腹圜底，而此頸腹若一，又為平底，以歔字別構從□者推之，知亦從卣。疑即𠧪之本字。

凡卜辭□字，及與□有關之字，及其用法，具述如前。雖間有扞格，其大部分固已悉通其讀矣。自來治卜辭文字者，往往以少數字立說，恣為新奇可喜之論，而不為綜合之硏究。以是人各為說，異讀滋多，而卜辭疑點，終不能盡析也。余以為欲求卜辭硏究之進步，當先改善其方法，聊發於此，願同志者一商榷之。

第六片骨

癸丑卜，殻，貞旬亡囚。

殻依孫詒讓釋，舊釋𣪊者非。詳余所著殷虛文字記釋青殻。殻亦武丁時卜人名。

第七片骨

續四、四二、三著錄

亥兄旬

癸丑卜，兄，貞旬亡囚。

癸丑貞亡

兄蓋祖甲時卜人名

第八片骨

續六、十二、四著錄

『前九、七云：「貞卜三旬八[八象]，乙卯出來口……二日庚申出曰？方求齒。」』

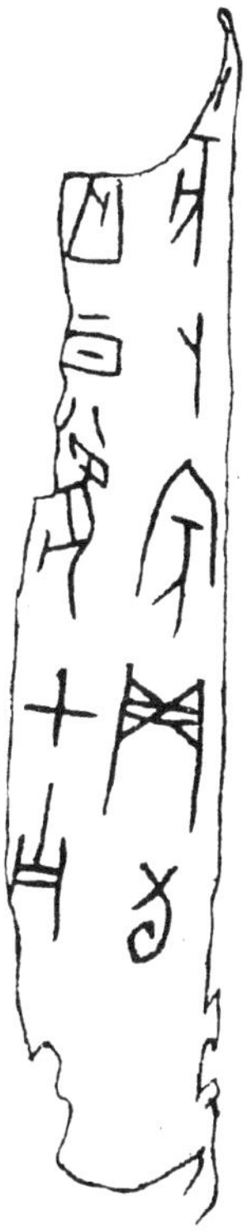

ㄨ亥卜，㱿貞，ㄅ（旬）

亡囚（卟）一日象（象）甲兕

[字形]字卜辭習見。孫詒讓釋象，讀為隊。（契文舉例下三九。）王襄釋八虎二字。（徵文考釋雜事十五葉。）郭沫若釋虎。（粹編考釋二一一。）按諸釋並非。[字形]與象形迥殊，然亦非虎，蓋此字之所象者，為一長鼻之獸，與虎之大口者不同，其尾下垂，或歧出，亦與虎尾之上屈者不同。考卜辭象作[字形][字形]等形，（甲骨文編九、十一。）是此所從者亦象也。象字字書所無，以字例推之，當為從八象聲。

卜辭用象字，多在貞旬亡囚之後。如云：『……ㄅ亡囚。九日[八象]，辛……出巛。王陷自……。』（粹編一五一八。）『……貞ㄅ亡囚。ㄅ[八象]，壬申……𡆥火，帚娃子井。』（續四、二八三。）『……日[八象]，……貞ㄅ亡囚。ㄅ……火。帚娃子井。』（前六、四九、三。此似兩辭。）『……亡囚。三日[八象]，乙……乙彡。一月。』『及……[八象]，乙酉，子售又出。二月。』（簠室藏骨拓本。）『ㄨ酉卜，㱿貞……七日[八象]，己卯……。』（前七、二二。）『ㄨ亥卜，史貞，ㄅ亡囚。一日[八象]，甲兕夕變大爯至于相……。』（簠雜一一六。）『……ㄅ出五……[八象]，戊……小子……。』（林二、一五、五。）『二ㄅ出六日[八象]，辛……。』（庫一五一六。）『ㄨ未卜，𠙷貞，ㄅ亡囚。口日[八象]，……井。』（鐵四十四、二。）『ㄨ……ㄅ亡囚。……出……[八象]，己卯……日大……雨。』（林二、一五八。）『……[八象]……𪊮……爯至……丙。』（林二……

一五，『□亥……貞勹亡……[甲骨字形]，……厌……』簠雜一五，一『……[甲骨字形]，乙……我邑……大來……』簠四，四五，四九，四，等，皆與本片同。其云『卒[甲骨字形]允卒』者，似叚為象。簠四一〇，『貞，王勹坐獸，从[甲骨字形]』。續三，四一，『勹从[甲骨字形]』。佚六六八，等辭，殆亦從象之義。

於貞旬後繼以某日象者，其與下紀日名有合有不合。如九日辛，勹壬，三日乙，七日己，皆與卜辭計日之法合。一日象而下言，甲旬有五日象而下言戊，則遲一日。至二旬有六日象而下云辛，則遲三日矣。鄘氏所釋一例為九日與辛，因謂于九日与辛之間著一虎字，按鄘所據一片，略近虎形，乃字體偶變，博觀自能辨之。不解何意，蓋用為迫薄等動詞者耶？』佚考釋二，一一，然九日迫辛□亦是不辭。況卜辭之例，又不盡合也。余謂象當讀為象。周禮大卜『以邦事作龜之八命，一曰征，二曰象，三曰與，四曰謀，五曰果，六曰至，七曰雨，八曰瘳』。卜辭之象，當即八命之二。云某日象者言某日當有象，蓋卜者得兆後之繇詞也。其下所記則占驗之辭。所卜有驗有不驗，當日不驗而驗於次日或更後者，亦從而記之，則有遲一日以至三日者矣。

第九片 骨

畋　王勹亡畋。
貞　癸子卜貞，
貞，王勹亡畋。
癸未卜，才白，
三
王勹亡畋。
癸酉卜貞，
王
王勹
癸亥
三

此為董氏所定之第五期卜辭。在白者，白為地名，蓋王所留止之處。亡畋讀若亡咎，說見前。

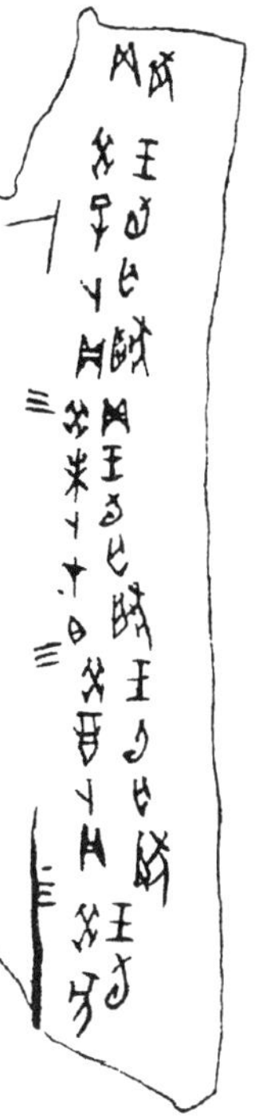

第十片 骨 續六，五，八著錄

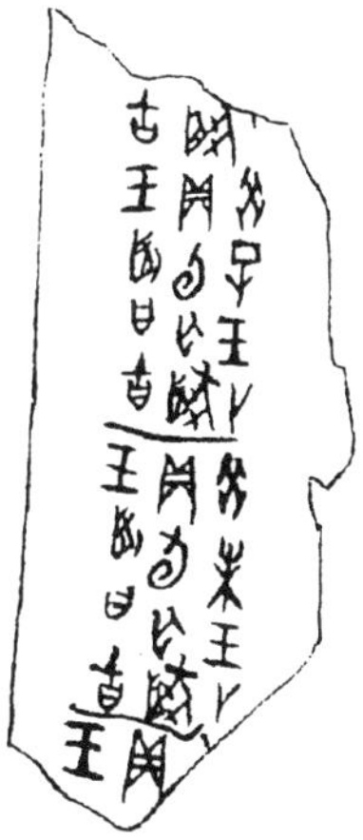

卜畎吉

癸子王卜，
貞，勹亡畎。
王𠧞曰：吉。

癸未王卜，
貞勹亡畎
王𠧞曰：吉。

貞
王

此卜旬之後繼以王親繇之辭者。凡武丁之世，王之繇辭多曰有希祟有媗，囏至于帝乙受辛之世，則必曰吉，大吉，弘吉。卜筮雖迷信，亦可以覘世變也。

第十一片 骨

才
夕
卜卽

田。才三月。
貞今夕亡
辛未卜，卽，

才三月。
亡田。
貞今夕
庚午卜，卽，

此貞夕之辭。卽亦祖甲時卜人。

第十二片 骨

第十三片骨

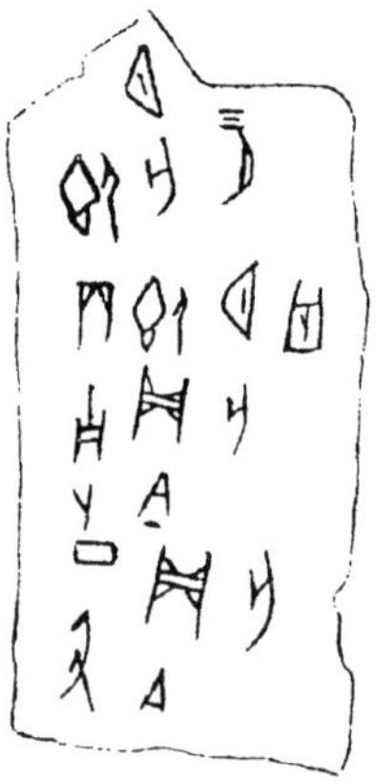

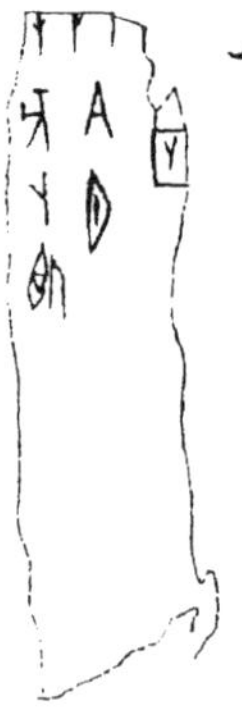

旧。
三月　夕亡　亡
夕亡　卯，貞今　貞今
卯　丙光卜，　丁丑

亡旧。
貞今夕
辛亥卜，卯，

第十四片骨

夕亡
猷。
貞王今
乙未卜，
猷
猷

旁有二猷字，習書者所為。

第十五片龜甲

酉卜　㓞卯卜，　丁酉
王今　貞，王今夕　王今
亡猷　亡猷。
亥卜　乙子卜，貞，　己亥
王　王今夕　王今夕
亡猷　亡猷。

第十六片 骨

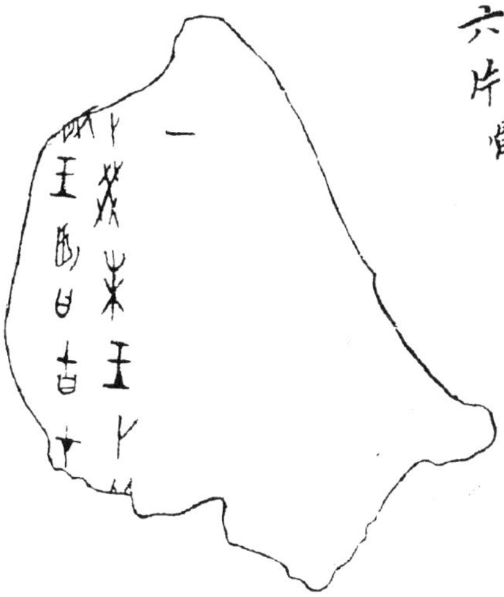

卜 戈未王卜貞，勹亡畎。

畎 王占曰：吉。才

第十七片 骨

佚九九九著錄

甲 兆面

此貞雨之辭。

乙亥 其雨。

乙 骨臼

辛卯帚(婦) 示二豕(豕)。 完

此貞用豕之辭。辛卯帚示二豕者，辛卯卜祭于婦某之示二豕也。帚下或闕一字，所闕者當是女姓。完是王氏釋「雩示二□」，謂左傳「龍見而雩」，月令「大雩帝」，注：「雩吁嗟求雨之祭也。」下文云「雩祀」，即求雨之祭矣。□古矛字，與茅通。殷契𣏟从林，从□，□即矛字，其證也。禹貢「包匭菁茅」，周禮甸師「祭祀共蕭茅」，左傳「爾貢包茅不入，王祭不供，無以縮酒。」卜辭習見矛茅之文，每與某祀連記。茅當為祭時縮酒之用。（徵文考釋典禮。）

卜人之名。此類卜辭之特徵有二：不用卜貞二字，卜人之名綴於最後，一也。多在牛胛骨之端，或於龜甲牛骨之灼面，二也。由於其不用卜貞之字，學者às多誤認為記事之文。由於其常見於骨端，因多謂之為骨臼刻辭。更因□字之誤釋，與帚及示字之誤解，而異說滋多矣。

王襄最初釋□為矛，因謂為「古茅字。周禮甸師：『祭祀共蕭茅。』按周世祭時用茅以縮酒，疑商世已行之。」（類纂正編三。）柯昌濟亦釋茅，謂「『三茅小埽』當釋三茅小帚，（見明二三五七，原文為『丁丑，雩示三□。小婦。』）疑束茅為帚也。」（補釋。）葉玉森初以為茅字象茅生形。（殷契鉤沈。）其後見後編一辭□下有□字，因謂「殷代祭神有用矛之典，矛即戈矛之矛，或兼用斧，殆驅除不祥之意。」又謂邑示為作邑告成之祭。從示（按從實□之誤，見前六、二、二四。）為從邑或從宴之祭。又舉雩示，□示，□示，帚示，而讀帚為歸，謂帚妹示為歸妹之祭，歸□歸姘當與他辭言歸婐同，亦即歸嫠之祭。歸竹婦言殷女下嫁於竹國為婦，寶，（按原為帚宜示，見徵下十八三。）□，杞，良，□，□同為殷女下嫁之國名，亦即歸女之祭。其於曼，（按實婦字。）岳，小曼，（按實為小婦。）犬，□，寶戈，（按實□字。）等字，則謂不知何誼。又謂矛字下，賓字或某某字上，如留空白，即備填某月或他辭者。」（殷契枝譚。）顧又據吳侗說謂仍當釋茅。（同上自注。）董作賓作帚矛說，（又名骨臼刻辭的研究。）以釋茅為非，謂縮酒用茅，果如何用？以一茅為單位乎？以一束茅為單位乎？茅艸瑣物，又何須刻文為記，且斤斤於只記一茅二茅，以至十茅廿茅之數量，因承用葉氏說謂矛為戈矛之矛。又讀帚為歸，訓為餽送之餽。又讀示為設置之置。而以帚矛為頒發兵器。又謂受矛者分兩類，即言帚者彷彿是邊遠或諸侯之國，必須遣使餽送，不言帚者，近在畿內，無須餽送。又謂辭末永賓等字為史官簽名，而以史官為即貞人。（安陽發掘報告第四期。）郭沫若於董說除承認其大史大卜署名之說外，謂歸矛二字之釋均不確，而讀帚為婦，示為眂，又改釋乂為勹。謂骨臼刻辭中稱王示者一，小臣□示者二，子□示者二，帚□示者二十一，其它均單稱□示，由王示之例例之，知凡□之字均為人名。又由小臣□與子□之例例之，知帚□之帚與小臣若子同例，必當為婦省。帚□必為女字，且必為殷王之妃嬪。又駁董氏所謂殷代史官利用骨臼以作記載之簡冊之說，而謂骨臼刻辭均武丁時所為。武丁乃殷之盛世，史官縱尚經濟，何遽少此區區骨簡，乃必利用骨臼而為之？可利用之物如胛骨背龜甲背正恢恢乎其有餘地，而殷虛所出無字之甲骨尤多，何必專好此骨臼？且所刻之辭，如董氏所說，均關戎事，而戎與祀乃古國之大事，史官記之，何至如此苟且，既刻辭於骨臼矣，又何專記戎事而不記他事耶？更謂骨臼刻辭雖與卜辭無涉，然其事必與卜骨有關。蓋骨既卜，必集若干骨為一組，裹而藏之，由肩胛骨之性質言，勢必平放，平放則骨臼露於外，故恰好利用其地位以作標識。其曰王

示，曰小臣某示，曰帚某示，蓋其檢封時經王及王之代理者所省視。曰自某川，（按川本作乂）

三 或川自某，蓋言卜辭之内容，乃自某人所卜或所錄者蟬聯而下之意。每辭末字乃陪觀者之署名。』因之又謂『本此刻骨用意以求，可知乂斷不得釋矛。』而謂『當是勹之古文，象有所包裹而加緘縢之形，小篆作勹，即從此而出。壽縣所出楚王鼎匋字作匋，所從勹字，形未盡失。刻辭中之若干乂，即言卜骨之包裹。』又据七乂又一乚，四乂止一冎等例，』於七勹四勹之外尚有零餘，可知一勹不止一骨。言零餘之例無過一以上則一勹必僅二骨，乂字亦正如合二骨而締結之之形。蓋以骨臼之兩半月形合而為一圓，而於其骨頸處拴之。乚若丿即骨臼半月形之象形，即說文（乁迻也，）讀若移之乁字，古音當在歌部，本義當即是骨窠。』而以冎為冎字，讀為骨。（銘刻彙考續編骨臼刻辭之一考察。）按汪釋乂為矛，釋𣏟為楙，本有其一貫之理論，（葉氏揅契枝譚謂羅釋楙，誤。汪說見類纂正編三十。）然金文楙字之偏旁作↑，作↑，與乂不類，乂固非矛字也。乂字在卜辭之用法有二，除此類口示口乂之習見用法外，如『己卯卜，王于來乂伐𢦏。』（鐵四四。）『口午卜，于來乂𢆶口入。』（鐵四四．四四。）『壬光口，貞，今乂受年。九月。』（前四、六六。）三辭中之今乂來乂，與今𣇈，今𣏟，今𪎪，今楙之例同，亦與今屯，來屯，今𦵯，來𦵯，等例相類，當為紀時無疑。汪氏於此種用法，全未注意，其立說亦欠周詳。以雩示為雩祀，為求雨之祭，而不及其他諸示，尤見艸率。不僅如董氏所識之用茅一說為不可通也。柯說不足辨。葉氏初謂↓與乂為一字而訓為茅生形，實無根據。既而以乂為戈矛之矛。既又據奚侗說釋茅，然奚說實本於王襄也。董謂王襲奚者非是。其以今萅今𣏟為紀時，殊有見地，然以為夏之別構，則臆說也。蓋葉氏初不諳文字之學，故於乂之象茅象矛，殊無定見，𣏟與夏之關係，亦不深求，反不如王氏能自圓其說。至其分邑示等為六類，說雖舛誤，徵引較詳。董氏之研究，殆肇端於斯與？董作帚矛說，舉例九十八，文約二萬言，可謂繁富。以辭末字為人名，謂與卜人有關，實為重要之發明。顧其他考證不甚審慎。謂乂為戈矛之矛，乃葉氏已廢之說。葉氏前編集釋五.三四仍釋茅。以帚為歸，又襲孫詒讓之誤。至讀示為置，則自謂姑備一說，非定論也。由此而有饋遺兵器之說，誠如郭氏所謂「雖煞費苦心，實大有未諦」也。其以辭末署名者為史官，亦有未合，蓋必先確定卜用甲骨同時即為記事之簡冊，然後能有史官於此署名也。董氏嘗謂甲骨即商代之典冊，余有辨，見國學季刊五卷三號關于尾右甲刻辭。不然，此類辭末署名者，如：亘、㱿、永等，皆是卜人，卜人安得即為史官哉？所謂卜史同職，史官貞卜，固未有根據也。又此類刻辭，雖多刻于骨臼，然亦有在胛骨或龜甲之灼面者，董氏明知之而猶總稱為骨臼刻辭，置例外于不顧，亦其疏失。郭氏作卜辭通纂時已讀帚為婦，攷釋九二。及辨正董說，尤為詳盡，誠屬不刊之論。惟謂婦省為帚，小誤，當云帚借為婦乃合。由此更考定示上一字均為人名，是又一重要之發明也。又注意於七𠦁又一乚，四𠦁㞢一𠙵等例，尤見其精細。（葉氏亦曾言及又一月，然誤以為紀時。）然其讀亦為𣆞，釋𠦁為𠃨，（象骨兩端結之形，）乚為骨臼半月之形，為說文之乚，而以𠙵為骨，亦實大有未諦。蓋郭氏雖以董氏史官記事之說為非，然猶惑於骨臼卜辭之名，故於其考釋文字時，謂須先推致骨臼刻辭之用意。又謂由其所刻之地位以覘之，其性質寔如後人之署書頭或標牙籤。其種種推論，實以是為出發點。不知此類刻辭之刻於胛骨或龜甲之灼面者，為數頗多。特以甲骨破裂，辭多殘闕。舊時拓工多注意於兆面刻辭，其灼面之土或未剔去，即置不顧。即或見有一二字，亦因骨未刮磨，不甚明晰，而棄去，故所著錄者不多耳。董氏文中所蒐集雖只四例，然即彼所已蒐集之各書，漏略即已不少。據余所檢及者，如「丙兇，小臣中……。」（前四，二七，六。）「……自𡧊……。」（前四，二九，一。）「……中示。」「𡆥。」（前四，三七，三。）「𡆥示六……。」（前五，五一，五。）「……𡧊……。」（後下，四，十。）「……三自𡧊……。」（後下，六，三。）「喜示……。」（林一，二，六。）「……𡧊示十㞢……。」（林一，二，七。）「……口入十。」「婦。」（林一，十四，十二。）「己未𡦀……。」（林一，二一，八。）「三自𠂤。」（林一，二四，一八。）等凡十一例，由拓本之形推之，當均是甲骨之灼面。余所複僅前後編及林氏之書，並以董氏所引之前編三例，共得十四，而董所引此三書中之骨臼則二十二例，相去實不甚遠。第以骨臼圓厚，易得完整，董氏輯其完辭，於此類多有忽畧耳。殷契佚存及殷契卜辭多錄灼面，董氏亦俱未引及。余嘗整理北大所藏甲骨，其灼面有此類刻辭者，除董所引一例外，尚有多例。其書一時不易出版，今揭之如次：

(一) 四二三片 背面

鼎我

灼面

帚㐭示

(二) 二一〇片背面 續二、一八、八著錄

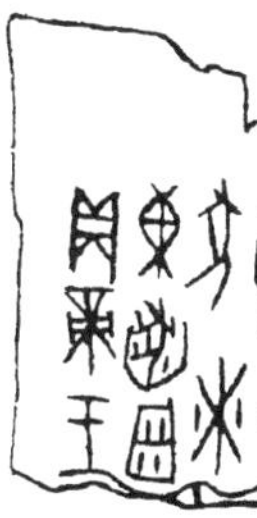

叀（叀）年。
三宰，卯
犬，木
東，𡆥
貞，帝于
囟（西）

同上灼面

帚井示

(三) 二四九片 背面

洲。
于父
貞，奇不
貞，虫

灼面

帚井示

(四) 二五五片 背面 續一、三九、一著錄

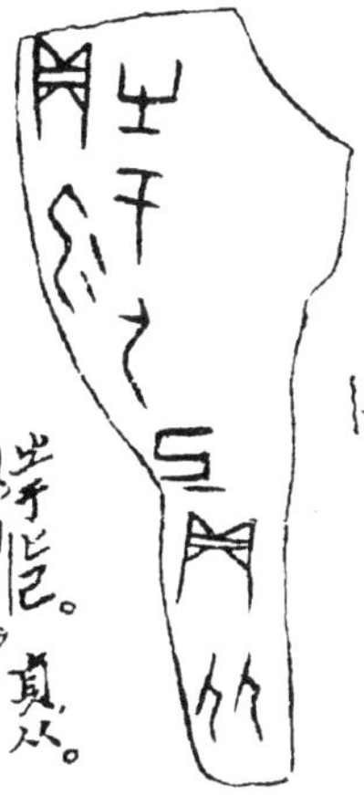

貞，𢀛
虫于匕巳。
貞，从。

同上 灼面

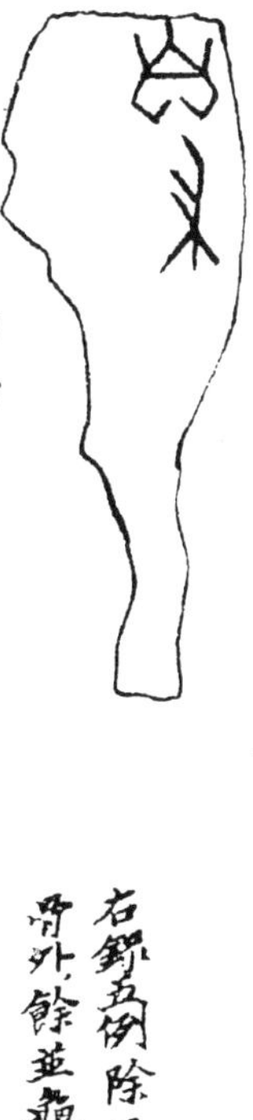

自帚

(五) 二八二片 背面

灼面

𠬝示

右錄五例除二八二為胛骨外，餘並龜甲。

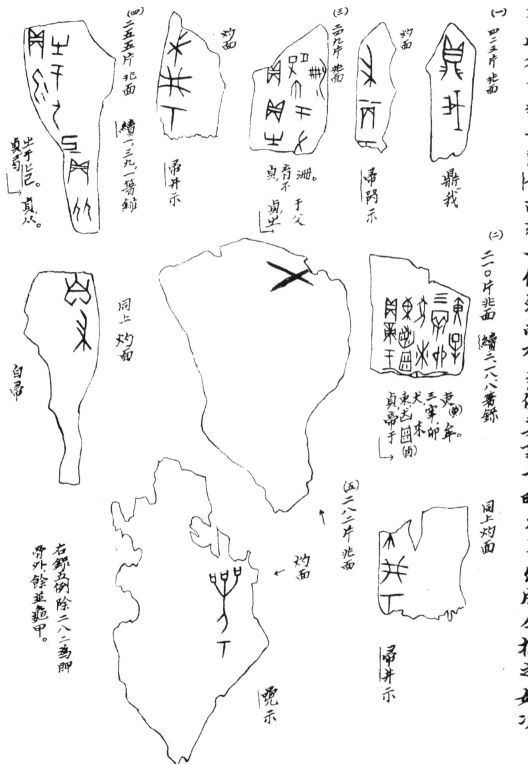

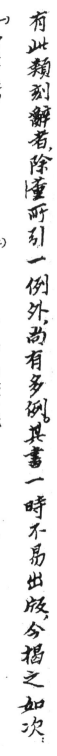

新獲卜辭寫本九六片背面有己丑竹三字，其第三字殘，僅存竹旁，即為此類刻辭，可見中央研究院發掘所得，非無其例，特未為董氏所注重耳。

北大所藏，大部已見於佚存及續編，然此諸例，無一徵引，即董所引一例，亦未著錄。（董文第九六例，余所編甲骨卜辭七〇，其兆面見續編四，五，五。）於此可見此類刻辭之被忽視矣。北大所藏四七八片，此類刻辭在骨臼者四，在灼面者六。燕京大學藏甲骨，容庚氏所曾整理者，（八七四片中）在骨臼者三，（契五六，六八八五。）而在灼面者九。（契一二六，三八三，三八六，四〇三，四九二，五六九，六五〇，七六五，八二七。（原倒））舉此二處，則其他所藏者可以推見也。然董氏躬親發掘之役，有數千片甲骨供其整理，尚忽視此點而遽名為骨臼刻辭，則無怪郭氏之誤襲其說也。此類刻辭既多見於甲骨之灼面，則骨臼刻辭一名，不能成立。尤以見於龜甲一點，郭氏之說，根本全已動搖，蓋郭以乂為合兩骨，丿為半月形之骨臼，冎為骨字，苟易為甲，即一無着落矣。

此類卜辭，王襄列入典禮，葉玉森亦以為祀典，董郭二氏則以為記事之文而非卜辭。余舊時亦以為紀事，（見徵契佚存序）其後悟卜辭文字頗多特例，乃改定俎義京與某示幾乂之辭，為卜辭。初發表于關於尾右甲刻辭一文中，（國學季刊五卷三號）繼又於卜辭文學一文中言及之，且謂乂是𠂇之倒寫，象豕形而無足，而以舊釋為茅，董釋為矛，郭說為包，為非是。（清華學報）郭沫若氏於近著殷契粹編考釋中頗加抨擊。謂「此等刻辭自為一例，與其他貞卜之辭不同，余曩曾加以考察，謂其性質實如後人之署書頭，……此說，余至今猶未見其謬。近時唐蘭別立一異說，謂是貞祭祀之辭，乂乃無足豕形之倒寫。

案此實是肊說。凡骨臼均無卜痕，亦無能為卜，何來貞事。凡骨臼刻辭均武丁時物，武丁時豕字屢見，無一無足而倒寫者，何以此獨盡為無足倒寫而無一有足正寫者？且此等如果為貞卜之辭，則儘可以卜紀他事，何以已見著錄者在百二十例以上而文成一律？且尚有□字）字等之當解釋，必須考察周詳，面面圓通方可。不然，不足以令人徵信也。（考釋二〇三）郭氏與余雖未一面，於文字頗有深契。余固常采用其新說，而余每出一說，人或懷疑而氏輒信用。氏之從善如流，固異夫世之一字不合，視若仇讎者。其為前說，余深信其為出於箴規之厚意。抑余作卜辭文學一文，實不宜于對每一問題作詳細之討論，故多引而未發。其言太簡，或不足以令人徵信。然余所立說，自有一整個系統，平時早已考察周詳，雖錯誤在所不免，固未嘗（有）憑肊推測，絕無佐證也。

余以此類刻辭為貞祭祀之辭者，其主要原因，為示字之讀法。王葉二氏以示為祀，然示無祠祀之義。董氏改讀為置，郭氏又改讀為眡，則均有待於其說之成立。餽予之說廢，則讀置為難通，包骨之說苟為烏有，即讀眡為予虛矣。余考示字之在卜辭，有一最普通之意義，如云：大示、小示、元示、二示、三示、五示、九示、十示、十示又三、廿示等，大抵指上甲以下之先公先王。又如父乙示，（續七、三一、三）兄口示，（粹五三三）則與此類刻辭之帚口示,小臣口示等相似。然則周禮有天神地示人鬼之分,而殷人則人鬼亦是示也。董作賓氏謂『以為神祇則無解于小臣中示,小臣从示,王示㱿之各辭,从中皆小臣名,不得謂是神祇,王㱿皆生人,王為時王,㱿為史官,皆不得謂是神祇,是神祇之訓,于此不可通。』(說帚)董氏於此已忘却示字在卜辭之通設矣。示既人鬼,若伊尹當為小臣,屢見祭典,是小臣固可稱示也。』王示㱿二乂』者,㱿是㱿字,讀如穀,當屬下文。董謂王為生人,豈生人遂無死時乎?生為聖王,歿為明神,是彼時之重要觀念,而謂王不可稱示乎?余謂王示者,王初崩也。帚口示者,諸婦之初卒也。殷人之稱甲乙丙丁,以祭日而定,此則祭日尚未規定,故不得稱父甲兄乙母丙之屬也。至若小臣某示及邑示,雩示之屬,則諸先正之祭。余疑俎義京辭中之卜人中,即此小臣中,北大所藏一骨,背有卜人邑之署名,即此邑示之邑,則此諸示均當是武丁時卜人㱿究等之前輩也。

示字之意義既定,則其下所記之幾乂,當屬祭祀所用,顯然可見。余以乂為豕形,後文自有論證,今僅以祭禮之通例觀之,則乂固當為牲畜也。第余之初意,以此及俎義京之辭,例略相類,當為記事之文之屬於祀典者。然俎義京之辭,學者咸以為卜辭,余意為之搖動。其後又得俎㱿京之辭,如:『……于㱿京,羌卅,卯口牛。』(前四、十五)貞,羽辛亥乎帚姘貞于殸京，」鐵餘十，二一。「□亥貞于殸京，」續四，四五。諸例，與「己未，貞于義京，羌三，卯十牛。中。」簠六，二三。一類，事例相同，足證後者實為卜辭，特不書卜貞之字，而卜人署名在文末耳。口亦口攵之辭，亦無卜貞之字而署名在後，以例推之，亦當為卜辭無疑。

以此類刻辭為紀事，始於董氏，其理由有二，骨臼無背面可以鑽灼，因而不能有兆璺在辭中，又不見卜貞之字，故決然斷定為非卜辭。然卜辭之不用卜貞二字者，其例頗多，如「求于河一牢，出二牢。」簠一，二五。「𢦏弗戈羌。」簠一，一五。「丙寅，隹不于盡降。」簠八，五一。「庚辰，令𢀛隹來豕吕龜二凿令。」簠八，八三。均是。而俎義京之為卜辭，已如上述。則後一理由不足為證也。其第一理由則與郭氏之說正同。余意二氏殆未注意於骨臼即卜骨之一耑。若骨臼之骨，根本與卜辭無關，如三獸頭及骨柶，則余亦將定為紀事之辭。然余所知者，骨臼為胛骨之一耑，距此不過一二寸，即見璺璺之灼兆矣。參看本書二一，二二等片。且此類刻辭，往往刻于灼面，而尤奇者，𢀛亦一例，雜廁於他辭之中。簠六，二七，四，董文九九例於右旁有不雨二字，左旁有污字，均為倒書。若如董說為記事，則是史官先記其事，而卜人攘以貞事乎？抑卜人既刻卜辭，而史官利用廢物耶？前者絕不可通。如後者則此等史官，儉德殊屬可嘉。然所以記事者為可稽考也。殷虛未刻辭之卜骨，數盈千萬，而必擇此已刻辭之骨，且廁卜辭之中，又何為乎？余謂骨臼與骨之兆面灼面，既同屬一骨，即不容以刻辭之地位而分其為卜辭為非卜辭。至鄭氏所詰難者，此等如為貞卜之辭，則盡可以卜記他事，何以已見著錄者，在百二十例以上而文成一律。在余則早不認為問題。因余已見一例，為骨臼上刻他種卜辭者，此亦王氏之拓片，即本書之廿一片也。王氏拓片，其椎拓之方法極善，其拓兆面時，同時折其上端以拓骨臼，又骨臼兆面坼面俱在一紙，今付印時悉存其舊；故如本片及二一，二四，三三，四二，七二各片之骨臼，其辭之方向，皆可考見。其尤可貴者，即為此例，苟非此種拓法，決不能知其為骨臼也。注意於一骨之數面者，始於明義士，然除後出之殷契佚存殷契卜辭等書外，未有明記為骨臼者，安知無他辭之刻于骨臼者，攙雜其間，不復能辨晰耶？余以刻於骨臼上者，同於其他部位，由此一例而信念益堅。

然此類卜辭之刻于骨臼，確為一奇異之例，此奇異之例，何由而起乎？余之解釋，以為卜用甲骨其先均不刻辭。其初刻辭時，蓋於灼兆之前畧記貞辭於灼面，而璺坼之後，則記數字及二告不𢆶黽之類於兆面之坼旁。余嘗見若干卜骨，屬於此例。然坼面骨質粗惡，不適刻辭，則移而至於天然光滑之骨臼，（此就骨言，龜甲多刻于邊緣，亦厚而光滑。）其時貞辭當極簡，一骨或僅卜少數之事，故已足用。及貞辭既繁，卜事又多，則骨臼不能容，而改刻於兆面，與紀兆之字雜廁矣。骨臼之小者作半圓形，刻口示口乂之辭，恰正相稱，則不復改刻，故所見骨臼，此辭獨多，而骨之兆面，今尚未見其例也。董氏每謂旁無卜兆為記事之文，其實刻辭在此，兆璺在彼，有何不可？清華所載四大骨，其中間諸辭，何來兆璺，亦得謂為非卜辭乎？（按甲骨中頗多記事之辭，惟必與卜兆占驗有涉，非董所謂記事也。）由於上所述，余頗疑此等卜辭在武丁之初年，或且更早。故不僅如中邑等被祭者，為㱿賓等之前輩，即卜人中之亘、大、帚等，其年事亦當較長，故不見於其他卜辭。然則此等卜辭之具諸特點，實為時代較早之故也。

至余之所以釋□為豕形無足而倒寫者，亦自有其確實之證據。盡釋□為豕，釋□為楙，雖若相合，而字形不類，讀楙為夏，又不能通。鄭氏釋□為勹，而置□字於不顧，云：「即是楙字，說為从林勹聲，亦無不可。」（骨臼辭九葉。）不知从林勹聲，將為□字而非楙矣。且鄭以勹為兩骨相合，而以卜辭口□為若干包，實是誤解。卜骨實有紀數之文，刻於兆面最高骨臼之側，其形作乂，較普通文字為大，（見十七葉附圖第五例，及續編一一四五一片。他例尚多。）辭舊多不識其意。余以卜辭五或作乂推之，（粹一一四九以乂族為五族。）知亦五字，則卜骨當以五計也。（明六八五片邊有五字，然彼或是骨柶而非卜骨也。）若勹字則本由人形所衍變，盂鼎□即匍字可證。卜辭匍作□（續五、六一），毛公鼎匐作□，則並因人與身一形之變，故借勹為人形，猶□之或變為□也。（鐵四一·三）郭氏引楚王鼎匋作□，以為卜辭□字之證，不知彼所從之勹，乃

□之小譌，本亦由身字變來也。楚鼎已至六國末年，不可盡據，若此類第足以證說文之誤合□□為一之由來而已。然富字字書所無，當即儒或歆字，其作□仍是人形耳。鄦之所謂包裹絨縢，一無所據，何況□又非勹字哉。如鄦所云□為合兩骨，丿凸同是骨形，冎象卜骨灼處之黑，益以前人卜兆之說，則古人之作文字竟恆為卜用之甲骨而發矣。余謂辨識古文字，必從文字本身求之，不可先立一義。蓋文字由圖畫出，其形象自有範圍，有經驗者自能知之。至其偏旁配合，尤宜注意，不可取此舍彼，或彼此矛盾也。隨釋一字，固可信意引申，合釋多字，則自有界限，所釋愈多，界限愈嚴，則自有一系統矣。若先樹一義，漸加抽繹，就其本說，固亦圓融，苟就全部文字一一考覈，窒礙立見，此其失也。卜辭習見□字，如《㦰》三九、一二、二〇、五，或作□字，如《𢑚》二二〇、五。昔人不識，或誤併於𣏟（甲骨文編二、二四），實則𣏟自作□若□，與此迥異也。余由其字，始疑□即□之倒文。其後見佚存有「□亥卜口□……甲……不……」（七九一），續編有「甲戌卜王……□……父乙」（續一、二九、七），俱似祭祀之文，益信□□為一字。又佚存有□字（七八四片），亦當為𣏟之異文。此余倒文之說所出也。□□等形，與卜辭豕字相近，而豚或作□（後上二五、二），豕或作□（鐵一七九、一），或作□（鐵四一、十六），或作□（後下三三、一），豵或作□（𢑚七、一六、三），所從偏旁，均可見其與□□□等形之相似，此余豕形無足之說所從出也。然余雖（昔諸）能定其為豕形無足之

「簠三、三五、四、天□□……不其隻豕」，豕作□。

明七一八片云：「貞卜，其帝方，一羌一牛，□，犬□，□在牛犬之間，即豕，無疑。得此確證，為之狂喜。□字葉郿釋九，見論甲七，蓋由不識其字致誤。

倒文，而未確指為何字，則以余之考釋古文字，必求其全部貫通，不欲但為一字或一種用法而隨意立說，故雖時縈於懷而終不欲穿鑿求通，揠苗助長也。

今按□或□即是豕字，其作□或□者，倒書也。豕當作□而作□（無兩足）者，乃其簡形，猶□之簡形為□、□之簡形為□，若□、□之簡形為□若□，豕之簡形為□也。□或變為□，即小篆□字所從出，猶□之變為□（□之變為□）。說文訓為豕之頭，小誤。古文字豕頭與犬不異，必兼狀其身尾，乃可別耳。其實說文□讀若罽，今讀居例切，乃豕之變音。其諸從□之字，如□、□之屬，皆自有形象，渾然一字，而非從□，則□只是豕之簡體耳。卜辭用□字，若前舉二例（及其用□字于某示幾□，皆其本義，以豕為牲也。其曰「王示殻二□」者，殻讀為豰，豕子也。（此用鄭說。）尤可證□之為豕矣。其曰今□來□者，（例見上文。）當借為遂及穟，穟者苗也，遂有成長之義，故殷人以此記時，若今□之類矣。（□是穟之本字，其義當為穟禾。）卜辭又有二例，曰「丁酉口□來□弗其□。才……」（鐵百三八·三。）曰「庚辰令□隹來□吕龜二□令。」（前八·三。）來豕二字，似亦紀時之稱，則不僅作□形也。

卜辭之用□字，恆曰王其□，或曰王□于某，以今字釋之，則為遂，然卜辭自有遂字□（佐）而□當釋遂。王遂與王其遂者，廣雅曰：「遂，往也。」余意卜辭以□為追遂字者，象有足在豕後也。以遂為遂往字者，殆本象豕在道中，而足形為後增也。銅器有□鼎，□

後上二五，十二云：『貞，叀小𢓊』。鐵餘四，二云『貞：來庚戌㞢于示壬妾匕牝𢓊』，則皆牝豕之訛。

舊釋為遂，不誤。㒸本豕聲，故金文𢻱作𢻱，隊作隊。

卜辭有𢓊字，即𨑩，亦即後世追逐之逐，前已引之。又有𢓊字，其辭曰『辛卯卜，及㞢𢓊』。曾著錄于鐵雲藏龜，二七，二一，前編，六二，一四，續編，六一，一二，然于此字均不明晰，故甲骨文編誤摹作𢓊，附錄二八。此甲今在凡將齋，余由拓本辨之，固甚分明也。𢓊即卜辭習見之𢓊或𢓊字，它例曰：『壬戌卜，王，貞，𢓊㞢𢓊』。鐵一五一。句法全同，可證。𢓊字羅氏誤釋為牝，考釋三四。學者多從之。今按當釋為𧰼，非牝或豕匕字，其作𢓊者，乃真豕匕字耳。𧰼於卜辭當讀若遂。銅器靜𣪘有鞞𧰼，亦即𧰼字，吳大澂讀為射韝之遂是也。射韝以革製，故𢿳从革，𧰼字从革。前引佚存之𣲖字，其讀雖不詳，其字形頗有可說。蓋从𠆢𠆢者，屮屮之變體，从屮从豕，當即說文䢔字重文之𨑩，或又為𧰼之本字也。

至若卜辭習見之𣚬，用為紀時者，當釋為𣛭，即說文之椓字。然古文字屮與林通用，則𣲖與𣚬殆本一字也。𣚬又從𣚬作𣚬，則多以為地名。如𠊊十七。𣚬字從林從豕，而𣲖字從屮從豕，疑本象豕食屮木之葉之意，故䢔為禾采之皃，『𢓊䢔為屮莖也』。然則殷人紀時當以此為本字而叚為借，卜辭又有𣛭字，鐵二二七三，二𣛭字，拾七五，𣛭字，前六九三，三俱冠以今字，則均𣛭字之所孳乳，而為紀時之專字矣。𣛭從日𣚬聲，𣛭當為從日從𣚬省聲，而𣛭為從日從椓聲，椓即椓也。

由□字所孳乳而為紀時之專字者，又有□字，纖二二二當是從日豕聲。然則据豖豕二字，可以為□□一字之證。据□□等字，又可為□為倒文之證。更推之於相關各字與其讀法，俱迎刃而解，是□之為豕，可無疑矣。郭氏謂武丁時豕字屢見，無一無足而倒寫者，何以此獨盡為無足倒寫而無一有足正寫者。余則謂但當考豕字之可作□形與否，其他可以不論。蓋卜辭中倒寫之例極多，又同一文字在同時期中，往往因用法之殊，書體亦隨之而異。凡此皆非片言所能詳，異日余所釋殷虛文字如能全部發表時，關于商人作書之習慣，自易考見也。至丿若乚字，葉董二氏釋月本不誤，惟以又一月為紀時則非是。或云又一□者，是□字，已具前說。□既讀為猶若幼，月亦當為豕屬之異名，故與豕數相聯繫矣。

第十八片 甲

壬午……乙
酉易日……
夕翟……
大……

易日，郭沫若氏讀為暘日，謂猶言陰日。殷契餘論易日解。翟郭讀為雺，通纂考釋八五均是。

第十九片 甲

甲 背面

雨。
其亦盧
貞，今夕

乙 灼面

囗囗
之夕

按此（与）鐵雲藏龜一片，為一甲之折，今合之如次，惜彼片之灼面，未能注意拓印耳。

下半見鐵一九三．四

雨。
其亦盧
貞，今夕

盧雨。
不亦
今夕

盧即卣字，盧雨疑與囪雨（鐵六四．一）同。囪當釋卣。卣卣並叚為脩，（周禮鬯人「廟用脩」，脩即卣也。）脩長也，久也，蓋謂雨之緜長者。

盧字卜辭多作盧，如鐵六六．一。前人未識，蓋字形變譌也。

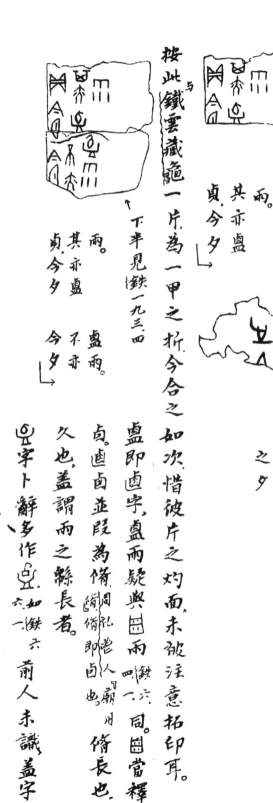

第二十片 骨

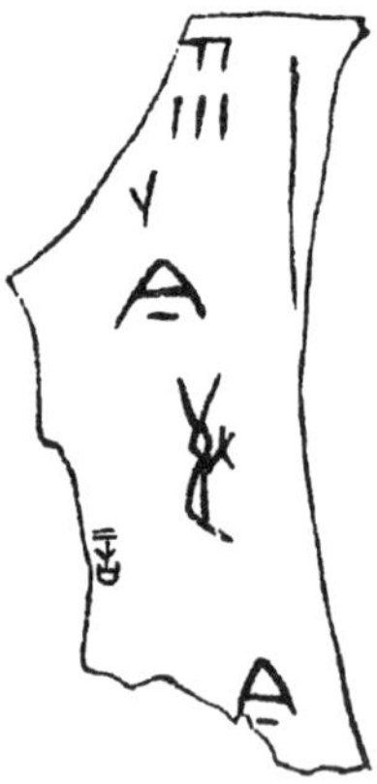

……雨。
囗囗卜，今龝
今

二告

龝字舊誤釋為夏，余釋為龝，龝屬，而讀卜辭用以紀時之今龝、來龝為今秋、來秋，聲之借也。（見拙文字學導論下四十，及殷虛文字記五。）其後，柯昌潘氏韡華閣集古錄跋尾刊行，其辛篇亞黿爵之□字，亦釋為黿，其說多與余闇合。惟謂字象蟋蟀之形，秋蟲鳴秋，故秋字從之得聲，則與余說異。郭沫若氏殷契萃編考釋葉二、陳夢家氏商代神話巫術燕京學報廿期均從余說釋黿，而解釋字形亦不同。郭以為蟋蟀，與柯氏闇合，陳則以為象黿或蝦蟆。余按象蝦蟆者自有黽字，書法迥異，不得以廣雅誤黿為鼃，而謂黿真象鼃形也。蟋蟀於古無象形之字，其蟲有足三對，後足特長，尾有二毛，與黿字之形亦不類。凡釋字形，當以客觀之實證為據。實證者何，字形之比較也。余以黿為龜屬者，以卜辭黿龜二字，自頸以下，背腹足尾，無一不同。說文誤黿為夔，隸書之黿，亦與龜相近。此皆實證而學者不信，得無為主觀所蔽乎？昆蟲兩棲之名，不可悉數，若學者各運巧思，遽立新說，則豈必夏蟬秋蛩，蝦蟆蟾蠩而已哉？抑此甲彼乙，以何為準耶？夫文字者古人之陳迹，我人第當就其固有之形象而解釋之。黿字似龜，事實昭然，舍此以求，是欲治絲而愈棼之者也。

本片黿作□，與黿作□形者（簠六，六五，五）偏旁正相似。其端有歧出者，象其喙，蓋黿屬之形與魚同，在繪畫中以上端為其口也。由□之形而小變，如□，已失其喙形，至卜辭習見之書法，如□□之類，則全類角形矣。至其作□形者（鐵一五三，二），乃字形既譌之後，改就側面作喙形，與上端之□形重出。由此可知殷人已不知作□形之本義，然亦賴此知本片作□之上端實象喙形。余昔釋龜字為龜形而具兩角者。郭沫若氏謂龜屬絕無有角者，董作賓氏貽書亦深以為疑。其後余又嘗疑□形之喙為鬚形。（文字記）今按角鬚之說皆非是。又龜之異體有作□（前六、五一、三）、□（林二、一八、二）、□（粹八八）、□（前四、五五）、□（粹八七八）、□（庫一八三〇）等形，董氏與余書，以為有翼，而余疑為多一足，並舉三足之龜蠶為證，均誤。粹編有龜字作□（一一五一片），其尾旁之揭起者，實是甲形，前記諸形，均其變譌耳。續編有龗字作□（六、二二八），龜多一筆與□字同，尤可證其為甲形。特附訂於此。

龜之上端既非角，而尾部亦無翼，又非三足，則仍是尋常之龜屬耳，非異物也。余昔疑為說文之𪓝，以其有兩角也。兩角之說既誤，此說自難成立。今按龜當為觜蠵之象形。說文：「蠵，大龜也，以胃鳴者。」（按此據賈逵說。今攷工記梓人作胷鳴，鄭注「蠑螈屬」，與此異。或據之改胃為胷，非也。字林云「大龜似猬」，乃以胃鳴之誤。）「觜，䳊舊頭上角觜也。一曰觜觿也。」余按觜觿即觜蠵，緐傳本不誤，後人強生分別，謂觜觿專指星名，非也。觜蠵為謰語，觜從角，（或更從虫作蟕。）蠵從虫，（或從角。）以字形言，均不得為大龜，其得此名，必義之引申，聲之叚借也。龜作□形，既特示其長喙，必為龜之特點。觜從此聲，此聲之字，多有尖銳之義，鳥咮銳，故稱觜，射雉賦「裂膆破觜」，注：「喙也」，引申之則凡口皆可稱觜。（俗作嘴。）觜蠵之義，當亦與喙有關。星名之觜觿，小三星隅置為白虎之首，亦正以其形之銳也。又說文萑，鴟屬，有毛角。而雚下云『鴟舊頭上角雚』蓋以角鴟耳旁有長毛，似角，而實非角也。然卜辭萑作𦫳，則竟似有角矣。龜字或作（字形）等形，亦似有角，自得冒角雚之名，則稱為雚蠵猶云角鴟耳。雚蠵之合音，與龜相近。疑古本以龜字象此類大龜，其後龜字之用日繁，失其本義，乃借雚蠵之聲以名之，而其作雚字者，又取義於其長喙也。釋魚二曰靈龜，郭注『涪陵郡出大龜，甲可以卜。緣中文似瑇瑁，俗呼為靈龜。即今雚蠵龜，一名靈蠵，能鳴』。郭氏謂雚蠵即靈龜，甲可以卜。今殷虛所出大龜，長尺餘者，不知即此否？蓋殷世自有較小之龜，如鐵七二·一，其長不過四五寸，似非一種也。龜可以卜，故𪚲字從大從𪚲，說文引左傳『龜𪚲不兆』，𪚲為𪚲之誤，是𪚲象灼龜，亦龜即雚蠵之一證也。甲骨文錄六八七片云：『庚申卜，出，貞，今戊歲龜不至茲商。二月』此龜字殆用本義，則祖甲時商地無龜，然由其語意觀之，固時有至者也。東山經『深澤其中多蠵龜』，招魂云『露雞臛蠵』，是雚蠵為古代中原常見之物，星名雚蠵疑亦由龜名所借用者也。然蠵既可供食，又供卜用，其種自漸衰微，後世遂不常見。嶺表錄異曰『蠵蠵俗謂之茲夷。乃山龜之巨者。人立其背，可負而行。產潮循山中。鄉人採之，取殼以貨，要全其殼，須以木楔其肉。龜吼如牛，聲響山谷。廣州有巧匠，取其甲以為梳篦盃器之屬』太平御覽九四三卷，則為殊方異物矣。

第二十一片骨

甲 兆面

丙戌卜，貞，不雨
一　二　三
二告
丙戌□
貞……
雨。
二
三

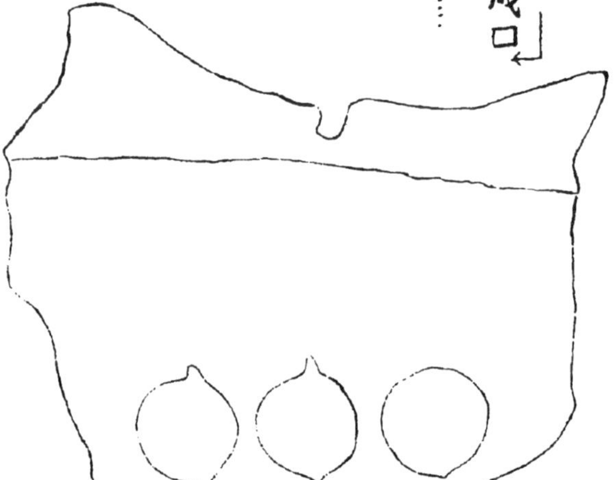

乙 灼面

丙 骨面

其□……
貞□……
壬午……
己子卜，殸，
貞勿
……亡
……

骨面所刻，大抵□示□歹之辭，其刻他辭者，余所知惟此一例，以拓法精善，故能辨之。此面較大，故能容兩辭。他骨兆面之上端，往往如此，余疑兆面刻辭，其先自骨面刻辭蛻化而來，故襲其體制耳。

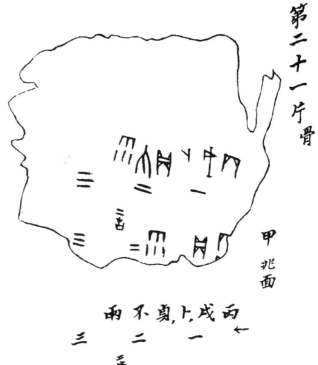

第二十二片骨

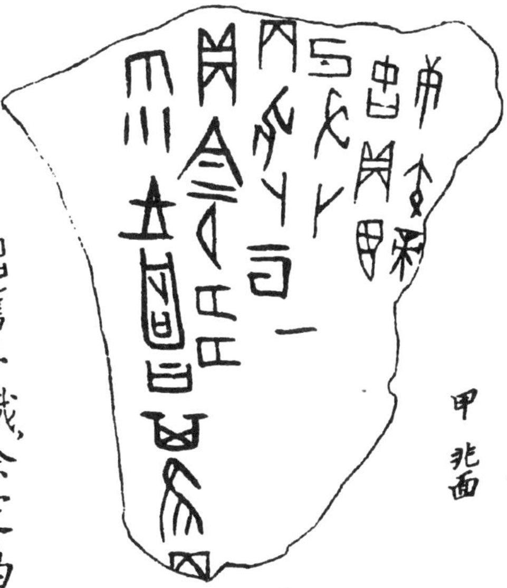

甲 兆面

口……
庚寅帝
古，貞，羽
乙丑卜，
丙申卜，亘，
貞，今二月多
雨。王固曰：其隹丙……

乙灼面

王固曰

乜

凷舊不識，余定為古字，見古文字學導論。下編四十。亘與古，並武丁時卜人名。

ㄓ字當即㞢之本字。

第二十三片骨

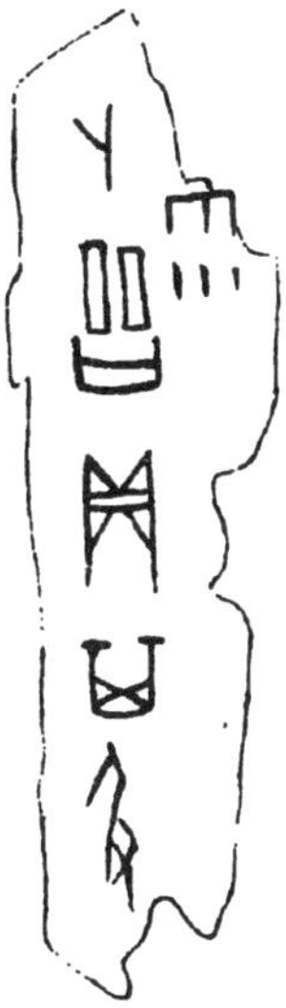

甲 兆面

……雨。

……卜，悟，貞，其及

乙 灼面

卜貞口

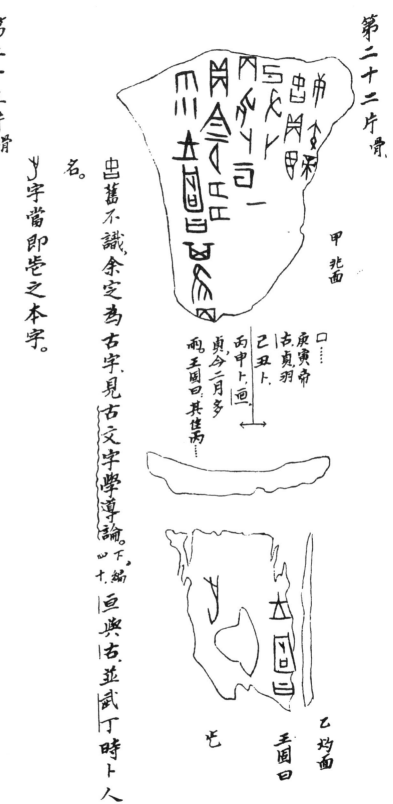

皆亦武丁時卜人名。

第二十四片骨

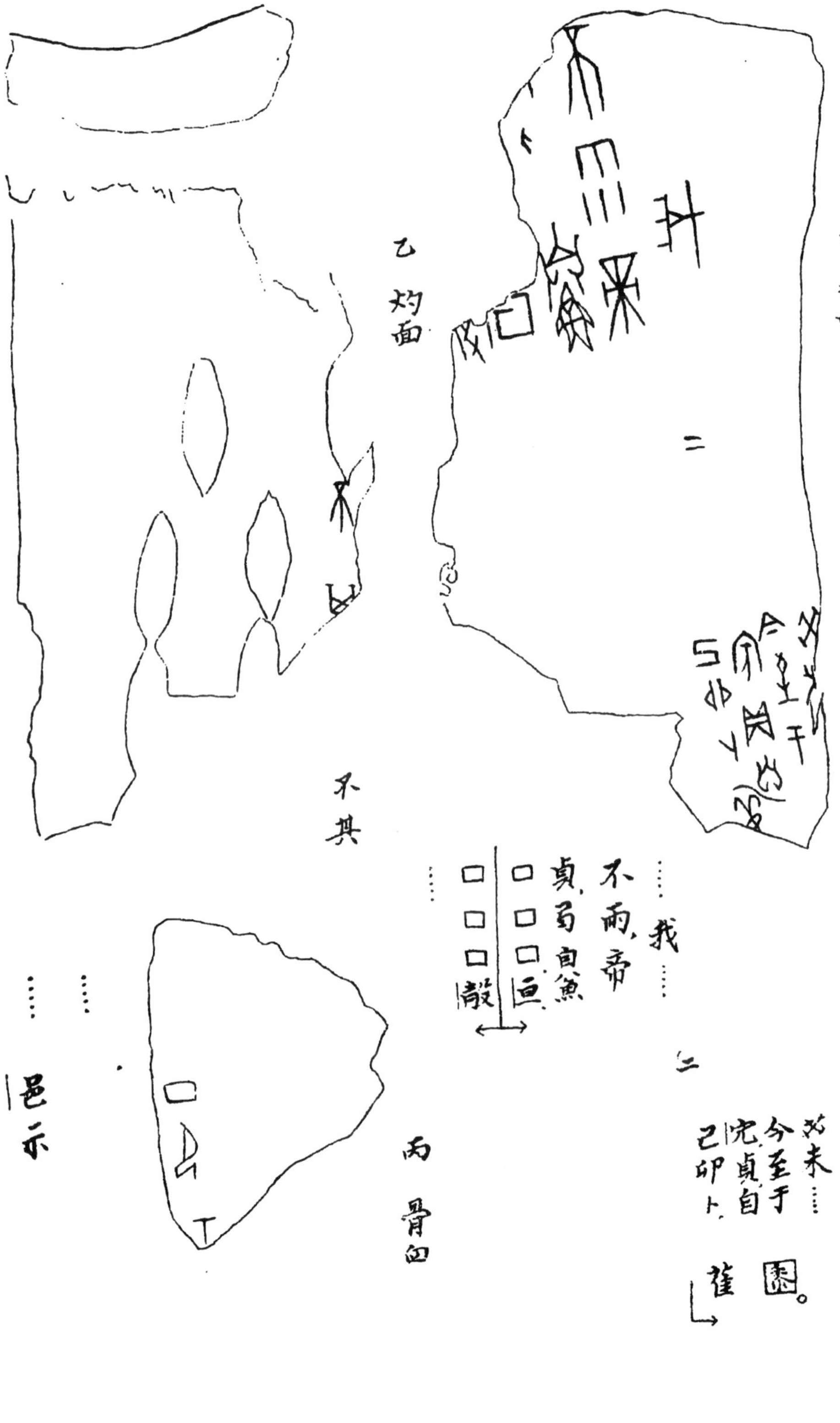

第二十五片　骨

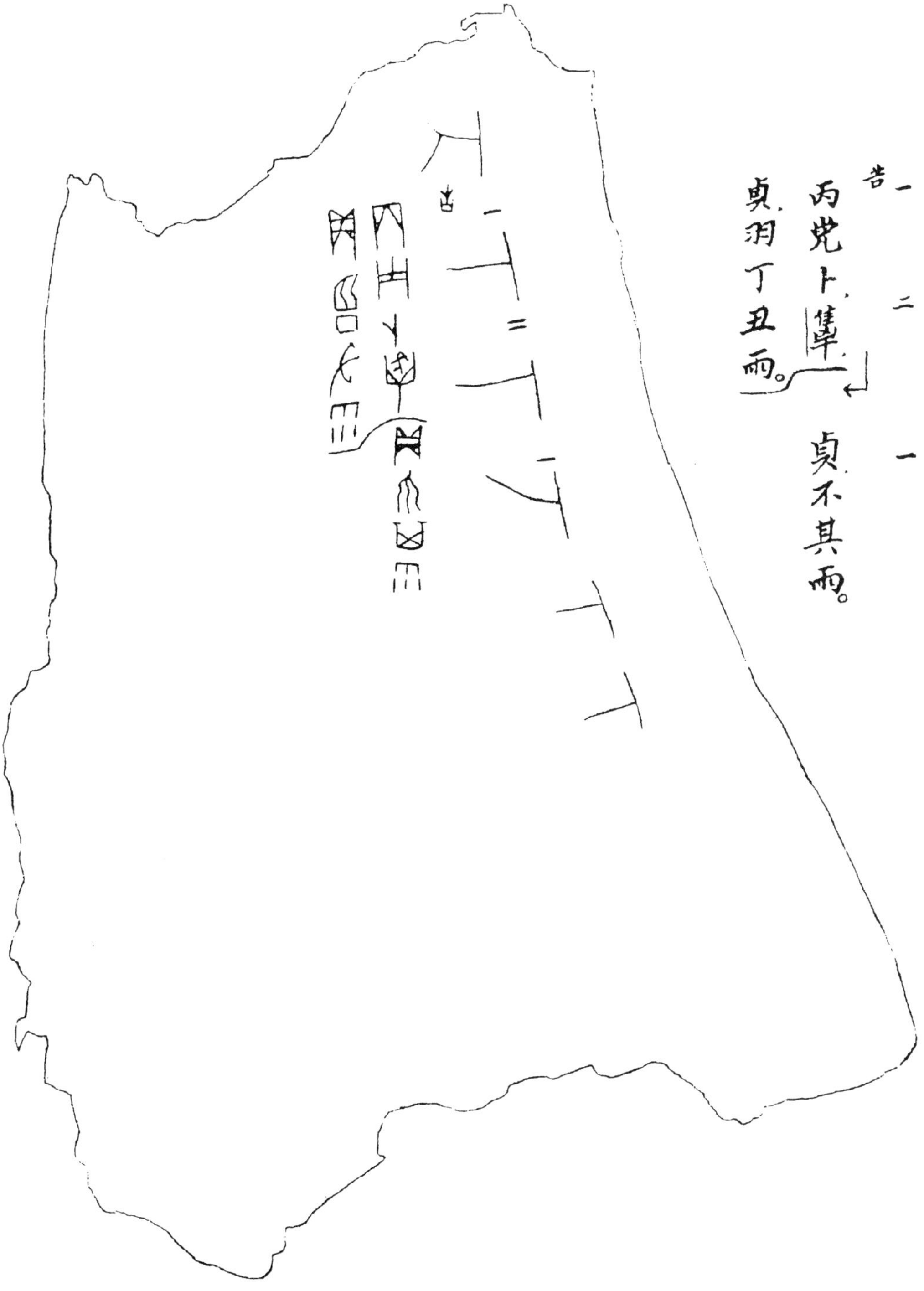

吉　一　二　一

丙党卜，隼，

貞，羽丁丑雨。

貞，不其雨。

玉篇畢有方干一音，可證干畢一字。

□字在此為卜人名，當在早期。其字羅振玉釋為羅，謂說文解字：「羅，以絲罟鳥也。从网从維。」卜辭从隹在畢中，□與网同，篆書增維，於誼轉晦。又古羅離為一字，離从隹从离聲。古金文禽作□，下从□，知□即□，而移□中之隹於旁，又於□上加屮，許君遂以為离聲。方言：「離謂之羅。」始以羅離為二字，後人遂以為黃倉庚之名，及別離字，而離之本義晦矣。（考釋改訂本卷中四九。）今按羅說似是而實非。网自作□□□等形，與□迥異。□亦非畢字，然即釋畢，亦不能謂與网同也。余謂□或作□者，本象罕形，金文有象形文字作□者是也。（憲二二三，干爵。）其字當釋為干，罕者干之孳乳字也。罕為小網而長柄，與網羅不同。說文訓干為犯，以為入一。又歧出一畢字，（北潘切）訓為箕屬推棄之器，（及一單字，訓為大也。）而不知其為罕形之變，皆其失也。□形又變為□，羅據金文定為一形，其識甚卓，然因之釋□為離，去移□中之隹於旁，又於□上加屮，則非是。□上何以加屮，羅遂未論。余謂布文有□石，作□，（奇觚室吉金文述十二，二二。）及□，（同上十二，三十。）則古自有萬字，離乃取之為聲耳。離自是形聲字，方言：「離之謂羅。」自是聲近通叚，與字形無涉也。羅氏欲釋□為羅，而苦於字形不類，故謂□與网同。然從网從隹，則𦊅字也，（說文：「覆鳥令不飛走也。讀若到。」）亦非羅字，故既曰篆書增維，（當作糸，商氏類編引不誤。）於誼轉晦，又以□為離，離羅一字以附合之，其用意良苦，而不知其左支右絀，終於不能通也。余謂□為鳥在罕中之形，金文有□字，（憲二三七。）

十□林二、二、圭十□遺珠附十四。

爵擇□字續殷文存下六四亞隼舉、□字續殷文存上三七亞隼父丁毀、□字續殷文存上五三亞隼父乙毀、□字續殷文存上二子隼鏡。又鈴文有□字鄴中片羽一上三四亞隼形鈴，均可證。當釋為隼。遹毀有□字，當釋為樺，蓋其後起字矣。以象意聲化例推之，當讀干聲。移隹於旁為雗，說文無雗字，玉篇鳱或作雗，然說文并無鳱字，蓋偶遺耳。隼本象以畢取鳥，而後世用為鳱鵲、鳱鵙，皆段借其聲，或又借以為鴈字。

第二十六片甲

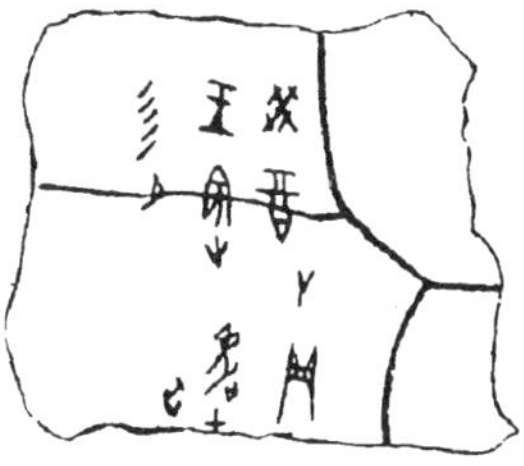

癸酉卜貞，王𡧊□甲，彡夕亡尤。

此貞王𡧊之辭。𡧊讀為賓，王賓見洛誥。

□字舊無釋，董作賓謂是虎字斷代研究例三三四，郭沫若釋為豫，謂是餘之別構卜辭通纂考釋三一，並非是。余按□之見於卜辭者，如□前一、一六、三□後上八、一□續一、五十、五□新三五二□佚八九〇□錄三六八□粹二七三□戩八、十□明七四二□明五〇〇□明四九四□□續三、二九、三□□續三、十九、二□栔一一、一□林一、十一、十二□林一、十一、十五□林一、十一、十六□粹二七四□續一五〇、六□前一、十九、五□前一、四二、二□掇十二等，其獸形率皆大耳哆脣短身厥尾，與虎象之形截然不同。蓋卜辭作虎字，如□佚存十九。其身甚脩，故背有起伏，其尾長而上曲，非短尾也。其作象字，如□後下五十一則狀其長鼻，故口部之上筆特長，異於它口。又其尾長而下垂，亦與短而上舉者有殊也。研究古文字之術，最要在考其衍變，辨其特點。此字之形，以□□□□□□諸寫法為較早。其所作之獸形，實習見於早期卜辭，如□□□□□□□等，（甲骨文編附錄四六）前人亦未能識也。余由此獸之長耳厥尾諸特點，斷以為兔字。又此字在晚期卜辭中，變為□□□□諸形，其獸形亦見於田獵之辭，余所見者有三例，一曰「……王卜，貞田榆，往……。王𠧟曰吉。丝印……百卌八，兔二。」（前二、三三、二）一曰「丁亥卜，貞王田𥁕，往來亡𡿧。只隹百口八，兔二，雉五。」（林二、一八、一六，前二、三〇、一，從通纂六四一片綴合。隹百口八，郭誤為隹鹿八，今正。）一曰「……卜，貞王田𠚍，往……印隻犯十，……兔三，雉六。」（後上十四、十）以辭例言之，兔既與隹雉同列，又次犯後，必非巨獸。以字形言之，則兔或作□，即雍邑刻石（舊五石鼓）□字及小篆□字所從出，固甚易知也。更以偏旁考之，則□字昔人所誤釋為逸者，（詳甲骨文編二、二一，逸字。）當釋為逸。本象逸兔，引申為兔之奔逸。而諸從兔之字其偏旁作□，與□絕相類，則以上諸文之為兔或兔字，無可疑矣。考羅振玉氏嘗以□□二字為兔字，謂長耳而厥尾，象兔形。（考釋上廿七）□為𪓬字之誤，□則確是兔字，惜其未能充類至盡也。孫海波甲骨文編刪去𪓬字而增□□□三字，□為何字雖未知，然非兔形，□則㲋字也。□字摹寫姘誤，殆不成字，其實即前舉第三例之兔，孫氏蓋由其辭例推定其為兔字，未能辨析其字形也。吳其昌郭於第一例亦詮釋，參見通纂考釋一〇。

據前舉第一例之□而釋為虎，以為□之□從虎之證（書契解詁一六六片），其方法實極舛誤。蓋取甲以證乙，必甲之本身已為確定者而後可。今以□證□而□之是否虎字，又以何為證乎？郭沫若於上述第二例之□字釋為兔，甚確。（通纂考釋一四一）第彼辭文不明晰，郭釋殆亦推辭義而得，故不能通之於他例也。抑卜辭兔字及從兔之字，其數極多，諸家所釋，僅有三例，且或誤合他文，謬其形體，是其識之本未審諦也。蓋由圖畫而變為文字，物體鉅細已不能辨，虎象豸兔，大小齊等，益以變化之繁賾，若干特點，間有淆混，毫釐銖黍之間，辨之綦難。故雖此類極易識之字，猶釋虎釋象紛紜不已也。

商世先公先王之稱甲者凡七，曰：上甲、大甲、小甲、河亶甲、沃甲、陽甲、祖甲是也。以卜辭考之，則小甲、祖甲之間，當為戔甲、□甲、吾甲三人。董氏以戔甲為河亶甲，甚是。蓋河亶之合音與戔相近也（董說見斷代研究例）。至其以吾甲釋為虎甲，用當沃甲，而以羌甲為陽甲，則與卜辭之世次不合。郭氏謂□甲先於吾甲，至為精確。惟釋□為狗或苟，以當沃，釋吾為象以當陽，則殊舛誤。（通纂考釋三一及三五）尤以釋□為狗一說，學者間多所疑難。余謂羌甲仍當為陽甲，其世系之異，當為史記之錯亂。郭氏旋作申論□甲一文（殷契餘論），除仍堅持其釋狗之說，於余說則以為紛張過甚。吳其昌從董氏以吾為虎，而深斥郭說，然其以沃甲為二大甲，吾甲為羌甲之弟，盤庚小辛之兄，均屬杜撰。（見書契解詁一一六片。今按𠂤𠂤為羌字，乃不爭之事實，郭之膠執，殊可不必。惟余前認羌甲為陽甲，以象甲當沃甲，而謂史柔其次序，亦是錯誤。當如郭氏以羌甲當沃甲，象甲當陽甲，乃合。蓋羌可讀為羊聲，與沃音相近，御覽引紀年沃甲又作開甲，開與羌聲亦相近也。逸字從兔，當並取兔聲，逸陽為聲之轉，大荒北經注引竹書有和甲，今本紀年以為即陽甲，象和音亦相近也。然則殷本紀之河亶甲等三人，並可徵之卜辭，字雖不同，其世序固一一符合也。

彡夕者連夕祭之也。王賓為祭禮之總名，彡夕為祭法。

第二十七片 甲

續一、十八、七、著錄

庚寅卜，
貞羽辛
一
其又
辟
□

戉，亡囚。
貞王賓□
乙未卜

庚寅至乙未六日。又讀如侑。戉者戊之異文，其字本當作仜，鐵百七六、二、云：乎雀酉兄丁十牛，戊用。象戉之形。虢季子白盤云：錫用戉，戉字作𢦏，即仜之變體也。字或作仜，甲骨文錄六八七、云：今戉。即十日名之戊字，者汈鐘越字作𢦏，則戉戊本一字也。由仜形而小變則為仜，增點則為仜，子禾子釜作𢦏，明卜辭變點為橫畫也。古文字往往增點為迻飾，無意義。

王窋口戉者，戉當讀為劌，卜辭以今戉為今歲。劌也，謂劌牲以祭也。墨子明鬼引逸古書曰：「吉日丁卯，用代祀社方，用代祀本誤作周代祝，孫詒讓改為用代祀，郭沫若又改代為伐，今從之。郭說見甲骨文字研究釋歲。歲於祖若考，以延年壽。」祖若者，祖本作社，依孫說正。此謂伐人以祭於社若方，歲牲以祭於祖若考也。洛誥云：「戊辰，王在新邑，烝祭，歲，文王騂牛一，武王騂牛一。」烝為彝，登新來之祭也。祭即卜辭之𣦼，以肉祭也。歲文王騂牛一，武王騂牛一者，歲用騂牛於文王武王各一也。此亦王窋之禮，烝即卜辭之王窋彝，祭即王窋𣦼，歲即王窋戉，下文又言王賓殺禋，辭有詳略耳。舊以祭歲連讀者誤。鄭玄曰：「歲成王元年正月朔日也。」詩烈文正義。蓋以烝祭上屬，然其解歲字亦誤。蓋商周舊典，漢儒已多不能知矣。

第二十八片 甲

甲午卜，
□貞：王
窋[illegible]甲戉，
亡尤。

戈子卜，大
貞：王窋
人戉，亡
尤。

人戉未詳。卜辭習見，如云：「丁子卜，即貞：王窋𠂊戉亡尤。」續一，三十，三。即其例。𠂊或當釋匕，則戈子所祭當為妣癸與？

第二十九片 甲

亡尤。
王賓伐
囗子卜，貞，

一囗。
日其囗囗
貞，囗囗
丙午囗，

卜辭之例，凡貞其牢之辭必先一日，此丙午所卜，當是用牢於武丁若康祖丁文武丁諸先王之一也。○字舊皆誤釋為丁。有一例云甲戌卜，貞武且乙宗口其牢丝用。前一，七十三。郭沫若謂宗與丁俱祭名，卜辭習見。通纂考釋十九。今謂武且乙宗即武祖乙宗，乃武乙之宗也。口當釋日，讀為旦。蓋前一夕卜次旦其用牢于某人也。日可讀如旦，猶月可讀如夕矣。日月均有三義，本狀其實象，一也。引申為今日今月之稱，二也。旦象日出，夕象月出，三也。凡卜辭言其者，皆疑問之辭。伐者伐人以祭也。

第三十片，骨 續四，六，三，著錄

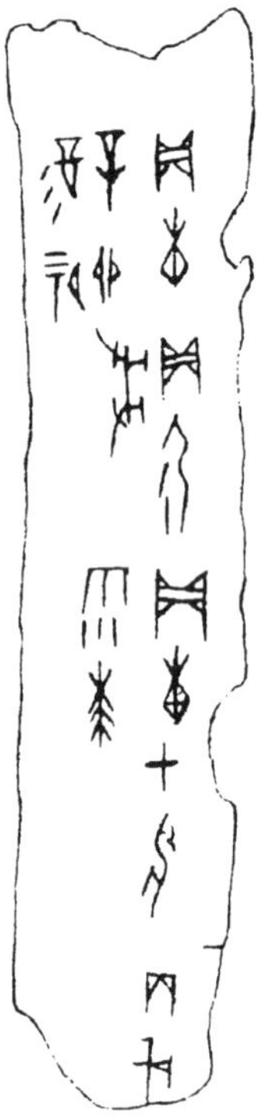

貞叀
辛卯
酌。青

貞弜
般。

貞叀
雨桒。

甲申

一
丙戌

後下十三，七，與此可互補

卜辭有但記日名者，如此甲申及丙戌二例皆是。其所貞之事，當在別處，亦或未記耳。貞叀雨桒者，桒有祈乞之義，貞祈雨之辭也。貞叀辛卯酌者，酌即酒字，古於酒熟之時，有飲酒之禮，後世所謂酎也。此貞酌禮之辭。貞勺牧者，勺讀若㓞，牧疑即牂字。其義未詳。

□或作□，卜辭習見，後期卜辭中以□□等形為之。孫詒讓釋為叀，又疑為甫之變體。（契文舉例下十七。）羅振玉釋為卷。（增訂殷虛書契考釋中三八。）余永梁以釋卷為非，仍釋為叀。（殷虛文字續考。）近人皆從之。余按□□非一字，□當為甫，□當為叀，金文皆如此，本極易別，而諸家混之者，以羅振玉釋卜辭之□為圃，遂謂已有甫字，而卜辭□□二字用法相同，遂誤認為一字耳。卜辭從□之字有□或作□，從□之字有□，王襄分釋為專尃二字，（類纂正編十四。）甚是。商承祚以□□為卷，乃承羅說而誤。（類編五、十二。）朱芳圃以為叀，（文字編四十。）孫海波合於專，（文編三、十五。）則襲余氏之說而誤也。按卜辭之□，實象艸生田中，屮與艸同，故字或作□，（前四、五五、六。）然則其字當釋為苗，非甫也。羅氏見金文有□字，遂以卜辭之□當之，而以□合於卷，後人知□□之非卷，而終不知□之非甫若圃，故雖有□□□□之別，而不能分。早期卜辭中□作□□□□等形，學者亦多誤依羅氏釋為卷，不知□之為□，猶□之為□，□之為□也。且金文叀字固多作□，尤可為證。今檢前編（七、十、二。）一辭云：「……□□令取䏌。」則甫叀為二字，無可疑也。余謂早期卜辭用甫字，後期卜辭用叀字，辭例相同而用字各異者，聲有變轉，則所段之字不同，猶秦漢以後，以叔易弔，以已易予之類。又如卜辭中之西字，早期叚甾為之，後期叚甴為之。災字或作巛𢦏，或作𢦔𢦏。則甴叀不必認為一字也。叀古讀當與惠相近，甫聲得轉如叀，與卜之讀為外，（如卜丙即外丙。）畧近似。

（俞敏謂櫛𥂇即栫栫，金文作匰，甚是。）

卜辭甴或叀字之用法，舊說極紛錯。孫詒讓謂以甴馬甴豕諸文推之，似當為搏執之義。王襄謂卜辭習見叀牛叀羊叀物叀𦍩叀彘叀兕之文，叀字有牽縚之義，殆即周禮肆師展犧牲繫於牢之禮。又引漢書注「叀縣也」，謂或即爾雅「祭山川曰庪縣」之禮。（徵文考釋典禮六葉）余永梁讀叀為剸，「叀牢者剸牢也」。以叀為本字，而以說文「𣃔截首也」及其重文之剸為後起字。（殷虛文字續考）又引周書世俘解「斷牛六斷羊二」，謂叀𦍩叀牢叀牛為斷𦍩斷牢斷牛。（與徐中舒書）吳其昌襲余王之說，辭極繁冗，其大要謂「叀象牲首囊括之狀，牲首在囊，先必截斷，故叀字引申之義為刑斷牲首」，而以叀牛等為證。又謂叀義既為𣃔截牲首，故引而申之，遂與𢦏伐誅戮之義為類。「𢦏王叀北羌伐」謂王𢦏北羌討伐之也。「貞叀王伐（往）𢀛……」記「貞卜𢦏伐𢀛方之辭」，「貞叀王征𢀛方」則直以叀代伐，故與征為類。又謂叀伐同義，伐之義得轉衍之為伐牲以祭之祭名，故叀之義亦得轉衍之為剸牲以祭之祭名。卜辭中如「帝叀亡𡿪」，（按備四，二七，三片，帝乃別一辭之文，吳氏誤讀。）叀與禘連文。如「貞叀叙祝」，叀與叙祝連文，斯叀字之義，必為祭名。（殷虛書契解詁三七片。）葉玉森謂余氏釋為專即剸，持解由牛由𤘍……諸辭似適。至若「貞由今冬甲子𡿩」，（按：鐵十三、四片「冬」作「來」，葉釋冬。）「由苦」，（按：當作「㠯」。）「貞由五月」、「由乂」、「乙酉卜，冗貞，由今月告于南室」……各辭中之由字似非剸說。王氏謂即展牲繫牢之禮，證之「由𦍒絲用」、「物由用」等辭，似卜辭云由某牲，並涵繫而備用之說。惟由字除剸繫外，似又別涵數說。或為祭名，如「由今冬𡿩」、「由乂」、「由今月告」……諸辭。或用如專，如「由𡊅往追羊」，即專命𡊅往追羊方人也。或依孫說釋摶，則「由苦㠯」、「由下𡉉」，即摶苦方下𡉉也。蓋此三說，持解各辭，或較順耳。（前編集釋一上五二）郭沫若謂叀乃中干之伐之本字，叀𦍒殆謂伐祭。（通纂考釋十四，金文餘釋之餘釋叀。）而謂「叀冊用」、「叀祝用」等辭之叀字，習見，義未能明。（粹編考釋一）

余按羅釋叀而謂以文例得知之，實則全不知文例也。孫王余諸家亦僅見叀牛叀羊諸辭而不論其他。吳葉郭三氏已知其不足矣，然終拘牢舊說，不能貫通也。今謂卜辭習見之由，（早期）或叀字，（晚期）均為語詞，即叀牛叀羊諸辭，亦非用牲之名也。凡卜辭之言叀某者，多與其牢同見，如云：「甲𠑹卜，貞，武且乙升，旦，其牢絲用」，其同片之辭，即云：「叀𦍒絲用」，（甫一、十四）是叀𦍒與其牢之辭例相同也。如云：「其又父己叀牢用」，（戩廿六、一）叀牢與其牢尤相近，則叀之意義當與其畧同。讀剸訓伐固不當，即讀摶訓繫，亦不能合，蓋家畜本無需摶，卜用何牲尚未定，亦無從繫之也。若由叀字下不繫牲名而繫他多方：『余不惟多誥。』

辭者，尤非訓為語詞不可。『王甶北羌伐，』如讀為王擊北羌伐，『貞，甶王征𢀛方，』如讀為貞伐王征𢀛方，則於一辭疊出擊伐或伐征兩同意之字。『貞，甶今來甲兇求，』『貞，甶今月告于南室，』諸甶字如以為祭名，則於一辭中疊出甶求或甶告等兩（同）意之字。於文法皆不能合也。

甶或叀之得為語詞者，叀古讀當如惠，故金文多以叀為惠，而惠從叀聲。惠字古用為語辭。左傳襄二十六年『寺人惠牆伊戾，』服注『惠伊皆發聲。』其義當與惟字同。書洛誥云『予不惟若茲多誥，』君奭云『予不惠若茲多誥，』句例全同，不惠即不惟也。偽孔傳訓為不順，江聲讀為不慧，俱失之。（今人）楊筠如尚書覈詁謂惠疑當作惟，又引左傳服注謂『古書惟與伊同用為發聲，不見惠字則惠亦惟之假也。』（覈詁九六）洛誥曰『惠篤敘，無有遘自疾，』楊氏亦云惠與惟聲近相通，而謂左傳之惠亦當為惟。（覈詁八五）按楊氏讀惠為惟甚是，其謂惠為惟之假，則誤，語詞豈有正字，作惠作惟，同是段借，寧有更段惠為惟哉？余謂堯典『亮采惠疇，』猶云亮采惟疇，（亮采如云『亮采有邦』）咎繇謨『朕言惠可底行，』猶云朕言惟可底行。多方云『爾曷不惠王熙天之命，』王疑借為往，猶云爾曷不惟往熙天之命。文侯之命云『惠康小民，無荒寧，』荒讀為妄，猶云惟康小民無妄寧，然則惠之用為語詞者甚多，不僅楊所舉二證也。（此諸惠字，前人訓為順若仁愛者均誤。）

知叀與惠同，讀若惟，則見於千百卜辭中之叀若叀字，固不迎刃而解。本片云：『貞，叀雨㚔』『貞，叀辛卯酒』者，貞，惟雨㚔，貞，惟辛卯酒也。他辭曰：『王叀北羌伐』者，王惟北羌伐也。『貞，叀王征𠳋方』者，貞，惟王征𠳋方也。『貞，叀今來甲兇來』者，貞，惟今來甲兇來也。『貞，叀今月告于高室』者，貞，惟今月告于高室也。推之『叀冊用』即惟冊用，『叀𦣞令』即惟𦣞令。凡卜辭中有此一字而致文義不明者，讀為惟，未有不文從字順者。然則叀牛叀羊者，詩之『維牛維羊』也。叀物者，詩之『維物』也。卜辭以叀羊叀物與其宰對，正猶詩之以『九十其犉』與『三十維物』為對矣。數十年未膠滯難通之點，今始豁然，由此可見治卜辭者首當通其文例，不可顧此失彼，枝枝節節以為之釋也。

續二、四五、四：卜貞，彝口叀圍，大示盾隹牛，小示叀口。大示即大示。此一辭中以隹叀對文。四二、二、五：叀王鄉，又云貞，勿隹王自鄉。四三、三、五：貞，勿隹王異伐𠳋。又云：貞，叀王異口𠳋。此並一片中以隹叀對文。是可語叀之必讀如惟矣。

第三十一片 骨

續二、一、三著錄

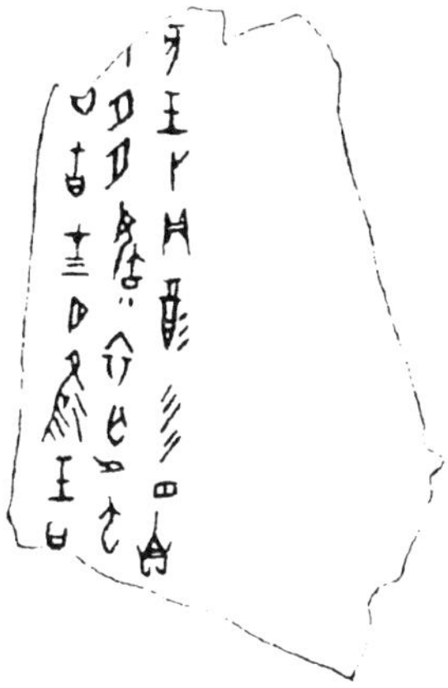

第三十二片 甲

〔癸〕亥王卜，貞，酒彡日自〔上甲至〕〔于〕多毓（后）衣，亡壱〔自畎〕。王𠧧曰：吉。才三月，隹王廿〔祀〕。

酒彡日者，酒是祭禮之名，彡日其祭法也。

卯卜又一
鬯
□一卣卷三

此即以卣為卣者。詳第五片。

此第一行當有□□卜完四字。

第三十三片 骨

甲
北面
貞。㞢(侑)匚(祊)于王亥。

此貞祊祭之辭。

第三十四片 骨

佚存三五九

貞羊㞢豕。

此貞祭貞以羊侑以豕之辭。

乙
灼面
□
□□有(侑)

舊釋兕，吳其昌釋兕，並誤，卜辭自有兕或兕字也。近人於此無釋。余謂當釋為貞，蓋由頁賊夒等之偏旁訛之，頁本作□，此第小變其形耳。頁與夏本一字，湯既勝夏欲遷其社，不可，作夏社，疑此頁字即夏社，故卜辭之祭與河岳比隆也。

嗝字王襄疑吠字，類纂存疑三。商承祚初釋吠，類編二七。後改釋豚。佚存攷釋四九。按其字從口從豕，釋吠與從豕不合，釋豚又與從口不合，皆非也。余謂喙當為喙之本字。左傳昭二年：深目而豭喙。豕喙異於常畜，故從豕，而卜辭此字又特示其喙狀也。說文喙從彖聲，朱駿聲謂當從彖聲，又以彖為豕之或體。（通訓定聲豫部）今卜辭喙字正從豕，朱說之證。喙為豕喙，引申之則鳥喙之畜或獸，皆得称喙。易曰為黔喙之屬是也。本片出喙者，疑是豕之異名。

第三十五片 甲 續一．三六．二，佚九八九著錄

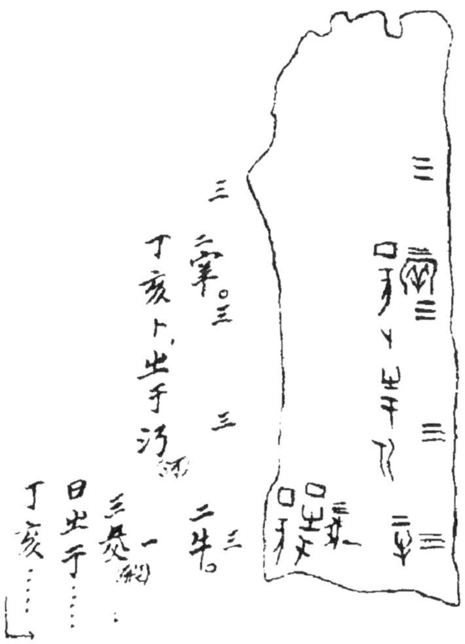

汅字舊誤為巳乙，從郭沫若釋為汅，即河也。𦍋當即庠，其本義為少牢。（舊釋牢非是。）豖字卜辭習見，舊釋為豕。字或作豖，作𧰨，亦釋豕。（王詳甲骨文編九，九。）其變為𤘴，則釋為牡，或從豕矣。（殷虛書契考釋三四，甲骨文編二，五。）余按諸釋並誤。豖當象牡豕之形，故並繪其勢。豖則作書之時，小變其法，故勢不連綴於小腹丨，又變為丄，而士字勢則為埶。牡豕為豭，故豖當為豭之本字。（凡羅振玉所謂牝牡牢牧等字或從羊豕犬之類者均誤。）說文𧰨豕也，從彑，下象其足，讀若瑕。朱駿聲云當為豭之本字。

林一、十五、四作□，亦從木。後下八、六作□，七片作□、□，末筆變為平畫。又變為□、□、□等形，則去木形愈遠矣。由此可見古人作字，亦頗草率，卜者署名或同，把握言古文字者，固當觀其會通也。

之古文。通訓定聲豫部。其說極允。蓋□之變為□，即得轉為□。然則□即□形之變，而說文僅云豕也，下象其足，已失其義。豭則後起之形聲，遂獨專牡豕之義矣。說文家字從豭省聲，段玉裁疑之，謂此篆學者但見從豕而已，從豕之字多矣，安見其為豭省耶？何以不從叚而紆回至此耶？因謂家為豕之居。余謂家固豕居，段所疑者，亦正中輕說省聲之病，凡省者當本有不省之字，不然皆誤也。然許說此字未為大誤。蓋卜辭家作□（前四、十五、四），象□在宀中。以象意字聲化之例推之，當讀□聲，其但作豕形者，可謂為□省聲。□即古豭字也。

第三十六片

續二、一九、一著錄

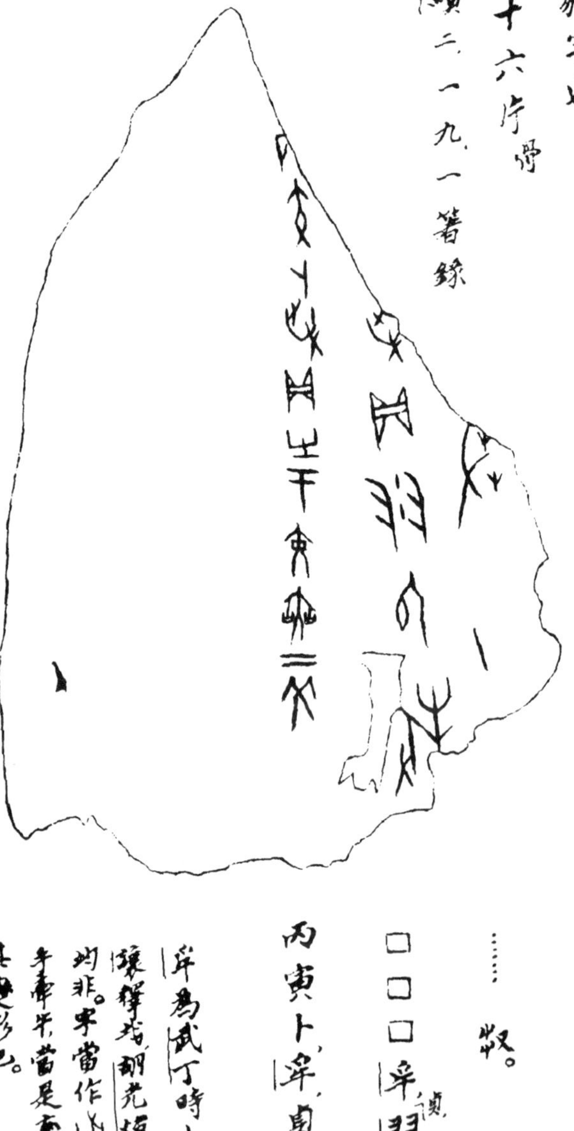

……牧。

□□□辛（貞），羽（尚）氏（睨）牧。

丙寅卜，辛貞，出于東（南）虫（陟）二羌。

辛為武丁時卜人之名，劉鶚釋哉，孫詒讓釋戈，胡光煒釋爭，葉玉森釋殼，均非。字當作□，見續一五九片，象以手奉半，當是奉之本字，作□□者其變形也。

□字羅振玉釋芻，余昔釋為芟，漢印有□，昔人誤釋為艾字。艾當從艸又聲，即說文訓『擇菜也，從艸右聲』之若字。『詩薄言有之』，有當作芟或若，擇之也。余說詳唐氏說文注稿。容庚采用於金文編。至經傳通用之若字及說文從若之字，並當於說文之叒及𠰭，甲金文之□或□，蓋隸由誤為從右聲之若，而篆文亦受其影響耳。三體石經已誤以□當古文之□。甲骨文編以□當說文之若，而以□為芻，注曰『唐蘭以為若也』。孫氏蓋未解余意。

今按□亦即芻字，羅說不誤，但與余各得其半耳。□象以手取艸，可訓為擇菜，亦可解為芻蕘之芻。古文聲系訓為牧也，大誤。由象意聲化之例，為從艸又聲，聲轉為芻，猶又之即寸字也。□形變而為□，又誤為□。說文訓為刈艸也，象包束艸之形，非是。

□舊多不釋。孫詒讓釋侶，讀為呂。契文舉例下三三。王襄引華石斧說釋氐，謂通作地。類纂正編五六。郭沫若釋挈。甲骨文字研究。余按以字形言，王華之說較近。卜辭別有□字或作□，郭釋盛甚是。金文餘釋之餘三六。盛當即說文菹重文之盜，蓋氐本從氐也。□既盛字，則□當釋氏無疑。□器變為□為□，則為氏，於其下作地形則為氐字矣。此云氏牧，疑讀為眂。他辭云氏衆及氏王族之類，疑當讀為提，提者挈也。郭釋挈，義雖是而字則非矣。

□字舊無釋。甲骨文編附錄五二。余謂與□為一字，伊尹得稱伊□，後上二二四。則黃尹得稱黃□也。□字卜辭習見，形多詭異。羅振玉因其有□形，釋為赫字，謂『赫從二赤，此從大從凵凵者，省二大為一，誼已明也。此字即名公名之奭。尔疋釋訓『奭奭』，釋文本作赫赫。說文奭從皕從大，盛也。赫從二火，故言盛，從皕則無從得盛意，知從皕者乃從凵凵之譌，奭乃赫之譌字。卜辭從凵凵，或變作甘甘、凵凵、屮屮、屮屮等，皆為火之變形，許書又變從百，愈變而愈失其初矣。』（考釋四九）陳邦懷據詩毛傳訓奭為赤貌，以為奭從炏不從皕，謂奭赫不可以為一字，以羅說省二大為一為未允。（小箋十七）郭沫若因此字有與母字通用之例，如：祖丁奭匕己，有一例言『祖丁母匕己』，（後上二六．六）大乙奭匕丙，有一例言『大乙母匕丙』。（新三三六）遂謂『奭即說文霖注奭或說規模字之奭。其字形，分明於人形之胸次左右，各象一物，其所象者乃是乳房。是則字之結構亦與母同意。母之二點亦象乳形，所異者僅母跪而斂手，奭立而張手耳。此必母之古文，專用為母后字以示其尊大，蓋母權時代之遺字。』（釋祖妣十二、通纂考釋二二）葉玉森謂『此字之別體至夥，除從凵凵一形外，無象火者。其所從之屮屮、屮屮、凵凵、甘甘、凵凵、ⅩⅩ、ⅩⅩ、米米、ⅩⅩ、ⅩⅩ、ⅩⅩ，若謂皆火之變態，然卜辭中未見有他從火之字，有一二變態若是者。』又謂『除甘甘、凵凵、凵凵三形外，無象乳者，即此三形可象之物甚多。羅氏之說固紆曲有加，郭氏之說亦新奇太過。』其所釋則以為夾字，『一大人兩臂亦下無論所夾何物，而夾義自顯，故夾物之象可任意書之。』（鉤沈，前編考釋一上十六）吳其昌痛斥郭氏胸次象乳之說，謂此乃腋下，非胸次也。又謂婦女乳房之形，斷無作屮屮屮屮

□□□□諸形之理。而謂羅說大致碻不可易。書契解詁五片。王襄、商承祚、瞿潤緡、孫海波等俱依羅釋爽若赫，朱芳圃依葉釋為夾。

余按□□等字，卜辭累千百見，多用於王室之禮，祖名與妣名之閒，然學者迄今未識其字，諸所立說，多有違舛，蓋即字形之辨析，尚未精密也。羅以為從二大，葉郭二家均駁之，蓋惟□□等少數之形，略近乎大，不能通之他例也。郭以為乳形，則葉吳二家已力辨其誤。然吳知□□□□□□等形之非乳，而曾不悟其並非大形，尚沿羅謬，豈非有所蔽而然耶？葉釋為夾，謂不論所夾何物，義固較通。然彼固未識所挾為何物，若□真火形，又豈能挾者乎？且夾象臂挾二人，卜辭自有其字，作□，或省作□，但挾一人也。則葉說之誤，不辨可知。余意此字象一人挾二皿之形。作□者象臂繫兩□、□為筐盧也。小變為□，為□，似火而實非火。其變為□若□，則缺其繫也。或作□若□（並見□），則象繫兩皿，□□古多通用。吳尊吳敦有□字，即□之小異，其變為

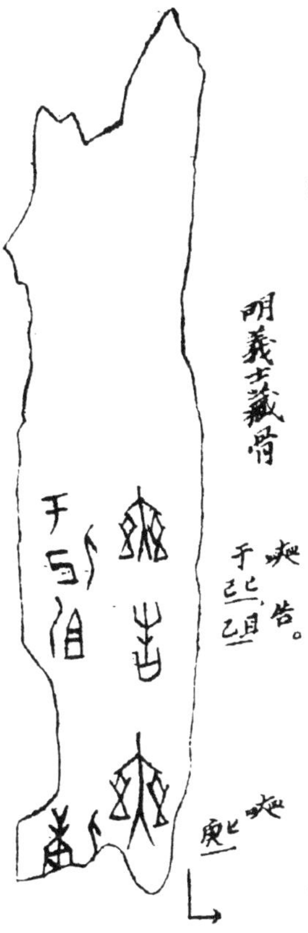

明義士藏骨

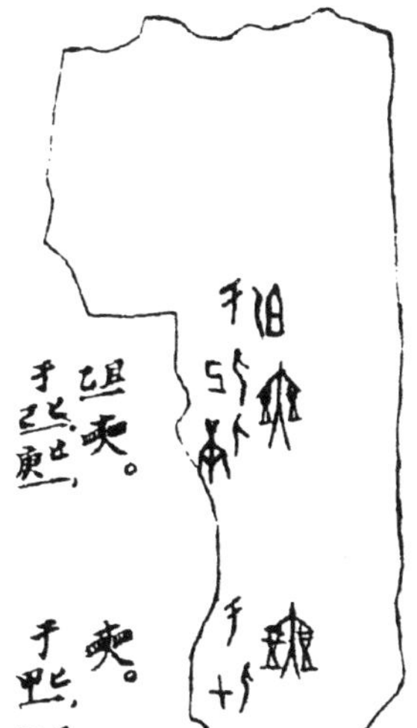

粹三八七云：「其又歲口口爽、母戊」，爽蓋爽之變。郭釋妣辛爽，與關文誤。國片有大乙、妣辛，蓋大甲之爽也。

爽字疑由爽形所變。

爽，似五亦實非五。或變作爽，更變作爽，其作爽者，微有省變，似木而亦非木也。歸燓有爽字，𠂇亦叉之變，而其繫又稍異。或變作爽，四形小異。或逕作爽，亦省其繫。更變為爽，即四形而缺其底，卜辭恆見其例。更變則為爽，有似從乂矣。然則此字異形雖多，究其本原，非凵即四。既異乳房，亦殊夾大，且所挾有定形，非若葉說之任挾何物，更非挾人之夾字也。

由於字形，余以為此字當釋為許書之夾，小篆但從入者，或如爽而省其四形，或由爽而小變也。彼訓為『盜竊褱物也』。從亦有所持，俗謂蔽人俾夾是也。弘農陝字從此』。以字言，從亦持物，何由便為盜竊？許君但以俗語蔽人俾夾而意增之耳。夾有懷物之義，夾有挾人之義，事類略同，字則迥異，卜辭此字既象挾四，自應釋夾，而葉氏釋夾是讀說文未熟也。抑與夾相近之字，音多相近。如𩒨從酉聲，又作𩒨。爽為瑟之古文，金文盩字從夾。及從㚒從大之爽皆是。說文盩從𠫬而金文從䀇，以例推之，𩒨本作爽，然則羅氏以爽為赫固誤，其謂爽為爽之誤，固不為無見也。至爽字，余疑即爽形之變，蓋上象繫，下象四形，四形或變為乂，連繫即為㸚形，實非㸚字也。

關于卜辭中此字之用法，羅氏謂凡王賓之以妣配食者，則二名間必間以爽字。今按羅說誤，凡曰王賓且某爽匕某者，乃妣之專祭，非配食也。羅氏又云：戊辰爽戲即歸

「遣于戊匕、武乙奭」奭字雖在二名之下，誼亦相同。今按卜辭亦有「于匕己且乙奭告」等例。（見附圖。）羅說殊含混，葉氏謂戊辰彝似舉行「妣戊之遣祭而武乙妃祭之」，吳氏謂夾字不必定在二名中間，可以自由廁于二名之下，均未明此類辭例。郭謂「夾字用於祖妣之間有匹配義，猶言某祖之配某妣也。戊辰彝則先妣後祖，義亦同」。其言亦欠明瞭。余謂此類辭中之夾字，實一名詞，祖某夾者謂祖某之夾也，故此三字可置於妣某之前，亦可置於其後矣。羅謂「卜辭又云有夾，猶言有妃也，是夾有妃之誼」。又據「名」公名𩰫而「史篇」名醜，疑「名」公名𩰫而字醜。（按說文㔾下云「古文以為醜字」。羅殆未憶及與？）古人名字，義多相應，醜訓比，卜辭對父言稱匕，（按卜辭且匕相對，羅誤。）意夾亦有妃誼。此古誼之僅存者」。今按「羅說」多牽合附會，以有夾為有妃，本只推測，而假定「名公」字醜，訓醜為比，實空中樓閣也。吳氏襲用羅說，而於「矢彝」「今我唯命女二人亢眔矢，奭左右于乃寮」。「羅氏考釋」所謂未詳者，以為殊可駭異。不知羅以卜辭之夾為妃嬪之妃，自不能通於矢彝。吳讀矢彝銘為「太眔矢夾」，謂夾字不必定用之于夫婦男女之間，凡二人對立，則其間或其下，皆可增以此字。是則可易其辭為「太𩰫眔矢」矣。蓋彼於羅說未全了解，徒欲以矢彝與𡚱彝相比附，不知彼銘有眔字介兩名之間，文例本不同也。

郭沫若因此字有與母字通用之例，謂𡚨即說文之奭，而以其字形為人欮兩乳，因定為母之古文，母后之專字。今按說文𣞤字，卜辭自作□若□，又卜辭有□字作□，（見粹編八四五—八四七。）其偏旁作□。金文之較古者作□（無夏卣）若□（殷甗）俱與之相近，更後始變為□若□。然則𣞤字本象人兩臂綴有毛羽或草葉之屬，蓋舞者之飾，本不可分截為從林從𡗝，故即許書中亦無𡗝字也。許書多後人肊增，既云『或說規模字』又云『從大冊』者，明不當信也。至母后者，後世以称皇太后，援以說卜辭，殊屬不倫。欲乳之說，尤為無根。然葉吳諸家之攻擊，皆注重於乳形之說，與讀夾為母之不當，而不問郭之何以讀夾為母，亦殊不合。郭氏立說雖誤，然卜辭王室且某夾妣某之辭，或作且某母匕某，自可注意。余所憶及者，在郭所舉外，尚有二例，一為『卜丙母匕甲』（甲骨文錄二七一），一為『且丁母匕甲』（鐵餘十一）。孫海波於前一例云『匕甲當是大乙之配，而外丙之母，所祭為匕甲而外丙從，此子從母祭之例，卜辭僅此一見』（文錄釋文二）。殊為疏舛。蓋郭氏所引二例既可證母夾之通用，子從母祭，又禮家所未聞也。余謂此母字既不當讀為父母之母，若母后，（實則母后之母與父母之母同。）自當別有意義。卜辭母字往往作□，與女無別。金文女字往往曰某母，猶男子之称某父也。從母之字有姆為女師。侮則秦晉間罵奴婢之称。（見方言三）侮之古文仲，從人母聲，實即奴之古文，從人女聲之仲字也。然則母字本多異義，不僅父母之称也。余又考卜辭夾字尚有與妾通用之例，如『貞，來庚戌㞢（鐵餘四一六）

于「示壬妾匕牝」配，㞢以庚日則是匕庚，匕庚固示壬之夾也。又有「示癸妾匕甲」遺一八六匕甲亦正示癸之夾也。然則母、妾、夾，三者異名而同實，夾不當但讀如母可知矣。余謂此三字中，母妾屬於早期，而夾屬於後期，其變異必由於語音之轉移。古妻妾本不分，禮記謂天子有八十一御妻、二妻、兩妻、旁妻、小妻之類，習見於書傳，而女子自稱曰妾，則娶者為妻，奔者為妾之類，乃後世判之耳。卜辭此三字，其義皆當如妻。妻妾一聲之轉。作母者實即女字，女之古讀當在泥母，與妻聲亦相近。以女妻人曰女，亦曰妻。大明曰：「纘女維莘，長子維行，」莘者太姒之國，昔人說此詩者多疑太姒為繼娶，纘者繼也，則纘女即是繼妻也。夾與妻亦聲之轉，與妾聲尤相近。故此三字得相通段。然則卜辭所謂祖某夾、祖某母、祖某妻者，皆即祖某之妻也。

至卜辭之伊夾、黃奭，皆在早期，與晚期之段夾為妻者，自不同，且其禮甚隆，決非祭伊尹及黃尹之妻也。余意此夾字當讀為陟。君奭舉伊尹保衡、伊陟、臣扈等，曰：「故殷禮陟配天，歷有年所。」舊訓陟為升，未是，陟即上述諸臣，其本字當作夾，蓋夾象懷器之形，引申之自有夾輔之義也。卜辭伊夾與𡕥、岳等同祭，必伊尹無疑。同片上一辭作伊尹，明一人異名也。然則黃夾必是黃尹，亦即保衡或阿衡，與伊尹為二人，昔人混而為一，非也。至太戊時之伊陟，或與伊尹同得稱為伊夾，如言周公之類，或以陟為名，則與礼陟配天無涉矣。卜辭又云「庚申卜，殻貞辛酉……又于且辛……又𡘋，」（前一、十，乙二、二、）羅振玉據有爽之文，以為有妃，今按此亦早期卜辭，與後期讀妻者不同，凡卜辭侑祭先祖多用牲，則此𡘋字或亦讀若陟，訓為畜名，猶夏小正之執陟矣。羽釋為彗，詳見余所撰殷虛文字記。（葉十五）

第三十七片

甲

㞢于
匕庚
三宰。

甲 兆面

乙 灼面

第三十八片

甲

貞，旬
㞢囗

甲 兆面

辛巳
𢓸貞
囗

乙 灼面

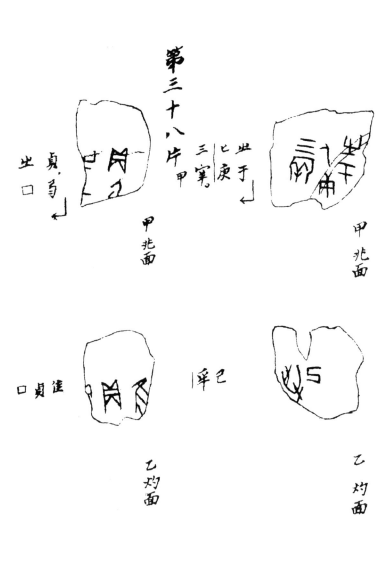

壺銘作[glyph]

第三十九片 骨

甲 北面

五羊

来（桒）五……

𠬝，貞……

丙口口，

乙 骨臼

口兇，帚桓

示一丂。

婦

桓亦見亞虎桓父乙壺，殷續上六四 即相字。[glyph]當即婦之異，余釋婦見殷虛文字記。一二葉。

第四十片 甲

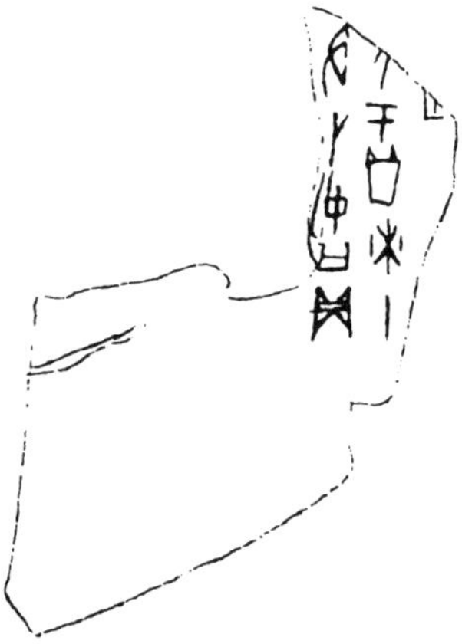

口

匄于凶来十

口丑卜，古，貞

凵字極奇詭，昔人未釋。前編四卷七葉八片云「𢆶未卜，貞，來于凵十小宰，卯十牛，卒十月用。」殷栔卜辭五九二片云「貞，帝蘢于凶，于土。」凵當是人名，既與土同列，其祭禮又頗隆重，蓋大示也。

余頗疑凵即凶之本字，古丷形多變作丷者。晚期卜辭有凶字，續四十九三 或變[glyph][glyph]凶

□等形，為用牲之名。又早期卜辭有□方，晚期則恆見伐□，字或為□□□等形，疑為一國，□者從人戴□，□則□之變也。□當即說文卢字古文之卢，□則即說文死字古文之𣦸。其用為祭法之□當讀為詩生民「載燔載烈」之烈。其用為國名之□若□，則當讀為列。

□既即卢古文之卢，則本象骨形，以字形察之，殆是獸頭之骨，而□之從□，殆象人戴獸首。卜辭□在祭禮中既占重要之地位，則或即禼之本名，与禼聲相近，故後世假禼契等字為之。

第四十一片骨

二

勹。

貞，史

庚申

貞，于

來。

于甲光……

勹卜辭習見，或作□□□□等形，又或作□□□等，則其繁形也。自羅氏誤釋為龍，學者咸承之。不知龍自作□□等形，蚪曲而尾向外，此蟠結而尾向內，其形迥異。余謂此簡體作□，明即□字，而前人莫悟，何也？□字王國維讀作旬，甚是，然謂訓裹之勹即此字則誤。說文勹部之字如匌，匓，匔等，均可證為從勹，□勹實勻之古文，旬當從日勻聲，許君僅誤併勹勹為一耳。董作文樣花紋中亦有作□形者，如戰國式銅器之研究圖版三八虺龍地文銅鼎作形是。

實謂「旬亘皆象周匝循環之形。」（卜辭中所見之殷曆）商承祚謂其初體疑當作□，由十至十也。後寫為□□，遂無義可說。（佚存考釋七）均無根據。劉鶚謂□象虺形，以與鼎彝虺形相近。（鐵雲藏龜序）孫詒讓釋為它。（舉例上二五）雖不如王氏讀旬之精確，然由字形言之，解為蛇虺固猶近之也。余考彝器之稱蟠虺文者，象兩蛇糾結之狀，節取其上半，乃作□形，其全形當作□（詳附圖）與□形無關。余所見有父戊𣍘盤（𣍘舊釋酉誤。）亞㠱盤、舟盤，腹內均有一虺蟲之圖，畧如□、（詳附圖）當即□形，推彼為正面，故有兩肉角，□為側面，故只一

頌齋吉金續錄孫吊盤花紋之一部。其別一部分之蛇形，兩端均有首。（容氏以為象首紋，誤。）

A

舟盤 德國駐華大使陶德曼藏

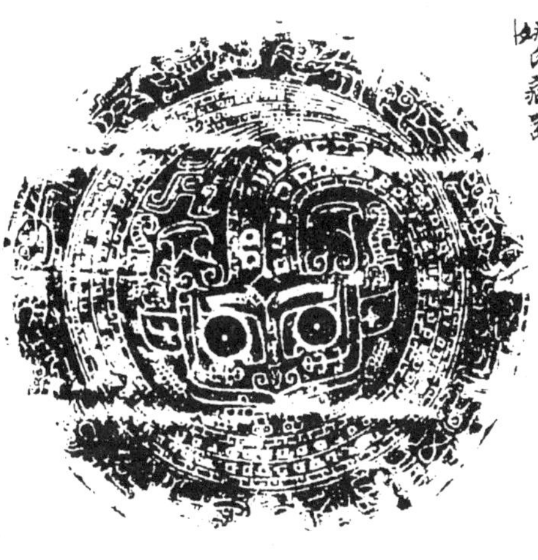

A

父戊𣍘盤 大村西崖支那美術史雕塑篇著錄，歸安姚氏藏器

此兩圖采自華裔學誌二卷二期文克氏 Notes on Early Bronzes 亞㠱盤余得有拓本

角耳。然則□或□象龍蛇之類，而非龍或蛇。字又變作□，更變而為□，則為云字，雲之本字也。似古人以此為能興雲，則□當是龍類也。史記封禪書『黃帝得土德，黃龍地螾見』集解以螾為邱蚓殊誤。蚯蚓豈足為符瑞哉？余謂螾即□之假借字。說文『螭，若龍而黃，北方謂之地螻。』地螻當是地螾之誤。呂覽應同云『黃帝之時，天先見大螻大螾。』大螻二字，疑亦校者据誤本旁注而闌入正文者。然則黃龍地螾即螭，而□實象螭形也。

卜辭中同一文字，往往因用法不同，書法亦有殊異。作□者多用為旬，作□者多用為雲，此作□或□者，其用法又異。此辭云『貞㞢□』，別一辭云『祁帚易子于匕己，允㞢□』（戩七，十六）疑讀為悍或怨。詩正月『憂心悍悍。』說文『怨，憂也。』

第四十二片骨

甲 北面

乙

灼面

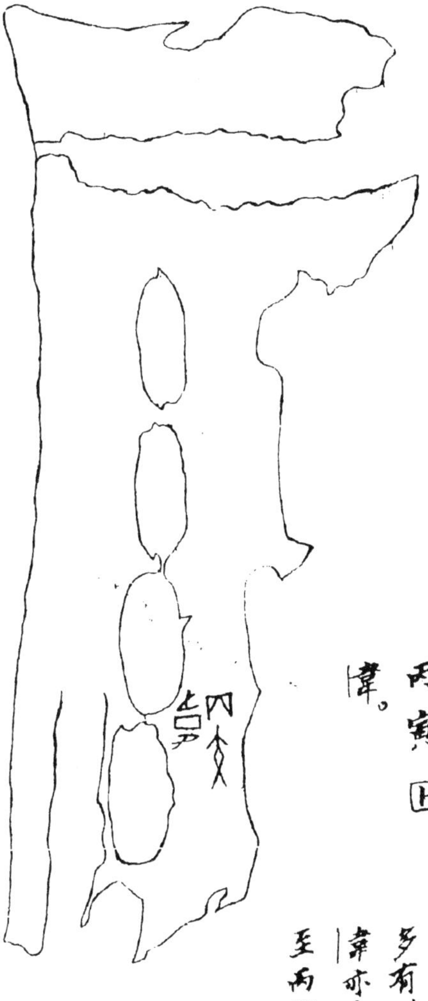

壬戌卜，院，貞，□（寿）求（祟）于羔（岳）。

丙寅[卜]，韋。

一 一 一

□告 不才黽

二告 不才黽

不才黽

貞，汫十牛。

貞，史（使）人于□。

二告

此與北面辭連屬，卜辭多有此例。韋亦武丁時卜人。壬戌至丙寅五日。

□字卜辭恆見，或作□□□□□□□□□等形（詳文編附錄二一）。按卜辭有□字，孫詒讓釋作謝，謂从古文射而小異。（舉例下十六）羅振玉襲其說，以□□□□諸形同釋為謝，然羅氏已知□之非射，故易其說為『卜辭諸謝字，從言從兩手持席，或省言，或省兩手。

丙骨四

古釋工，依郭沫若說。

工婦
示五屯。
丁子，邑

其所以以兩手持席為謝者，《祭義》「七十杖於朝，君問則席。」注「為之布席堂上而與之言。」《正義》「布席令坐也。」此從兩手持席者，蓋臣於君前不敢當坐禮，故持席以謝也。篆文從䠶聲，乃後起之字。《書契考釋》五四。然持席以謝，全出臆說。

考殷虛文字者多好向壁虛構，實《羅》氏啟之也。葉玉森據卜辭有一例云「乙亥卜，行，貞王其□舟于河，亡𡆥。」《前二．二六．二》疑□與□（葉釋友）為一字，爰舟乃引舟之義。《殷契鉤沈》郭沫若據別一例云「□丑卜，行，貞王其□舟于滴，亡𡆥。」《後上一五．八》謂□□自是一字，羅振玉釋謝，於義難通。案此與舟連文，當是浮泛之義。疑即是泛之古文，象人以笽若竿浮於水。《通纂考釋》一六一 然□與□同之說，既非事實，笽竿浮水，亦僅由□舟或□舟之辭推測而得，他無佐證。

余謂□若□實尋之古文。由字形言，八尺曰尋，《大戴．王言》云「舒肘知尋，」《小爾雅》云「尋舒兩肱也。」按度廣曰尋，古尺短，伸兩臂為度，約得八尺。卜辭偏旁之□，正象伸兩臂之形。其作丨者丈形，《說文》丈作支，從十，十在古文當為丨，以手持杖是為丈。卜辭作□，則伸兩臂與杖齊長，可證其當為尋丈之尋也。卜辭或作□者，《公食禮記》「加萑席，尋。』注『丈六尺曰常，半常曰尋』，是席長亦八尺，故伸臂與之等長也。卜辭又有□字，地名，（見後上一四，滿九，三）前人不識，余謂當是從口□聲，蓋□形小變而為□耳。又有□字，（前四十五·四）前人亦未釋，余謂即□之變體。此□及□當即今隸之尋字。蓋古文□或作丨，（如□為□）故□與□可併為一字。□或變工，（如□即□）故□或□可變為從工，則作□形者，可變為□，稍易其形，即為□矣。卜辭又有□若□，（前四，五〇，一，後下，十七，八）前人亦未識，余謂此即小篆□字所從出，蓋□字小篆作□，與□相混，故小篆尋作𢏪也。由是推之，則□當即□之異構，從口者或從言也。卜辭又有一地名，作□□等形，前人所未識者，當是㝷字。（㝷木，龍燭）（見保□鄉賦）金文齊鎛『與□之民人都鄙』，舊誤釋為□者，當即鄩字。（疑斟尋故地）

說文『□，繹理也。從工，從口，從又，從寸。工口亂也，又寸分理之。此與□同意。度人之兩臂為尋，八尺也。』其釋字形，至為紆曲，蓋襲小篆之誤而然。今以古文考之，則□象張兩手，兩臂為尋之本字也。作□者，尋常之尋之本字，故後世有㝷字。（馮融傳誤作㝷）作□者，植席尋之本字。作□若□若□者，從口□聲，或從言，尋繹之尋之本字。作□若□者，從□□聲，殆有度廣之義，為□之動詞。

然則卜辭云『□舟于□』及『□舟于□』者，尋舟猶用舟也。小爾雅廣詁云『尋，用也』。或云：『辛丑卜，貞，□氏□王于門□』。（續下九四）或云『王于出□』。（後上十二，十一）義當同。或讀如㝷，（尋之後起字）方言：

「捋取也。」本片云：「臤来于羔，」他辭云：「丙辰卜，宄，貞臤告隻于囗。」（前四，四六。）……沚戠臤冉……土方，我受……（前五，二三二。）則疑當訓為重。左傳哀十二年：「若可尋也，」服虔注：「尋之言重也。」𣲙亦卜辭習見之字，或作𣲙𣲙等形，羅振玉釋沈，謂：「象沈牛于水中，殆即貍沈之沈字，此為本字，周禮作沈，乃借字也。據禮經：祡燎所以事天，貍沈以禮山川。而徵之卜辭，一則曰：「尞于妣乙一宰，貍二宰。」（前一，三二。）二則曰：「貞尞于土三小宰，卯二牛，沈十牛。」（前七，二五。）王則曰：「乙巳卜，㱿貞尞于妣乙五牛，沈十牛，十月。」（前二，九。）是尞與貍沈在商代通用於人鬼。既有宗廟之事，又索之于陰陽，商之祀禮可謂繁重矣。」（書契考釋二六）按羅說之行，二十餘年矣，學者多襲其說，不悟其非。𣲙固象牛在水中，其義近於沈，然字形與沈迥異，且古文自有作𣲙（殷契類纂存疑五八，原作𣲙，誤。尚有他例，惜余忘其出處。）𣲙𣲙等形之沈字也。羅所舉妣乙二例，皆汅之誤。汅為河，土為社，本片所祭不知為𣎵，抑為岳，要之非人鬼，其他例亦無祭人鬼者。蓋貍沈之祭與地示有關，故就可達地之深處而祭之。羅謂通用於人鬼，是不知禮意也。余謂𣲙從水從牛，為汼，當為泮之古文，猶伴件為一字也。（依朱駿聲說。）牛之即半，猶豕之即豢，此汼即泮之證。禮器云：「故魯人將有事于上帝，必先有事於頖宮。晉人將有事于河，必先有事於惡池。齊人將有事於泰山，必先有事於配林。」鄭注謂：「頖宮，郊之學也。」詩泮水傳：「泮宮之水也。」舊以半天子之學及半有水半無水為訓，均非。泮水當是沈牛以祭之水，於其上築宮謂之泮宮。故魯人先有事于此，若僅是學宮，則與齊之配林，晉之滹沱不倫矣。明堂位云「米廩，有虞氏之庠也，序，夏后氏之序也，瞽宗，殷學也，頖宮，周學也。」由此可知二義，古人之學本無正地，米廩為藏粢盛之所，序當為射習射之所，瞽宗祭樂祖之所，則頖宮自為沈牛之所無疑。又頖宮既是周學，則璧雝之異名，王制謂「天子曰辟廱，諸侯曰頖宮」，實經生分別，後人讀泮為半，其誤亦自易明也。明堂位注「頖之言頒也」，與詩箋「泮之言半也」，自為矛盾。蓋泮為沈牛之義久湮，漢人已不得其解矣。

字亦卜辭習見，孫詒讓釋畀（舉例上十七），又釋臭（名原下十一），葉玉森釋昊（前編考釋一上七一），均非。郭沫若謂金文圖形文字亦每見此字，酷肖魚脊骨之形，當是脊之初文，小篆譌為𠦬，後人復誤讀為乘，故字失傳耳（粹編考釋十）。亦未碻。按卜辭此字或作等形，其見於金文者，今集錄如次。

再共父丁觶 殷續下六二

再共父丁鬲 殷續上二七

再共父乙鼎 殷續上十八

共再父乙觶 殷續下六二

再共生父乙殷 殷上十九

再共鼎 殷續上九

再共白 殷上二九

冊共？ 殷續附四

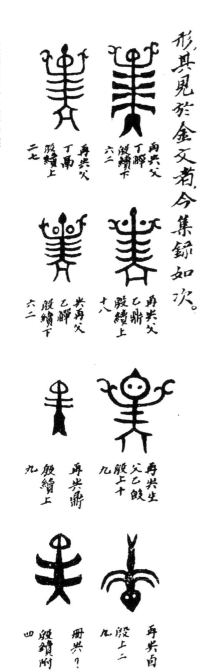

數其字形，實非郭所謂魚脊。而上所引及之「父戊𡇫盤之勹首兩目旁有肥蟲形之增飾，一望即知與此字相類，惟自第二對足以下小有異同耳。

余謂此字之原始象形，實當作，其所象為蜥易之類。尾側有一歧者，或以區畫身尾之故，其變為，則儼若歧尾矣。然則卜辭金文於此字之種種

此即父戊𡇫般之一部分，為器在丁筱農家時所拓者。此拓本為徐森玉先生見假，𣪘文存本只存文字。

變形，均由蜥易形所蛻化而成。足證諸家所釋之非矣。『說文』：「易，蜥易蝘蜓守宮也，象形。」今以卜辭考之，則易作□□等形，實不象蜥易。而此象蜥易形者，以作圥形為習見，小變而為圥，則即『說文』訓為「菌圥地蕈」之圥字也。『說文』以圥為從屮六聲，謬。余謂圥象蜥蜴形，故古陸字作𨺅，原為兩蜥易在阜側，為高平地也。『說文』鼁注云：「圥鼁詹諸也。」金文象詹諸之形，其上半大都與此字之作□者相似，故後世以為從圥而作鼁字，（其實鼀鼁一字，鼁亦作𪓑可證。）此尤可證蜥易形之為圥矣。『方言』：「守宮，秦晉西夏，或謂之蠦蝘，或謂之蜥易。」『本草』：「石龍子一名蜥易，一名山龍子，一名守宮，一名石蜴。」『廣雅』：「蚵蠪蜥蜴也。」蠦龍蠪殆皆圥之聲轉。『廣雅』：「苦蠪蝦蟆也。」蝦蟆詹諸屬，則苦蠪當即鼁，可證蚵蠪之即圥。

第四十三片 骨

甲

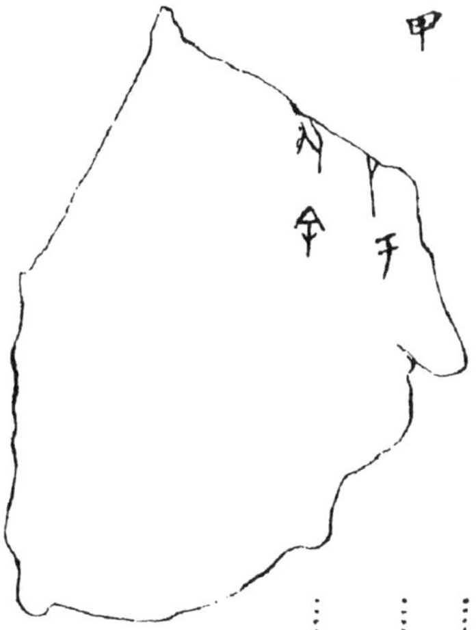

……申余
……貞于
……

乙

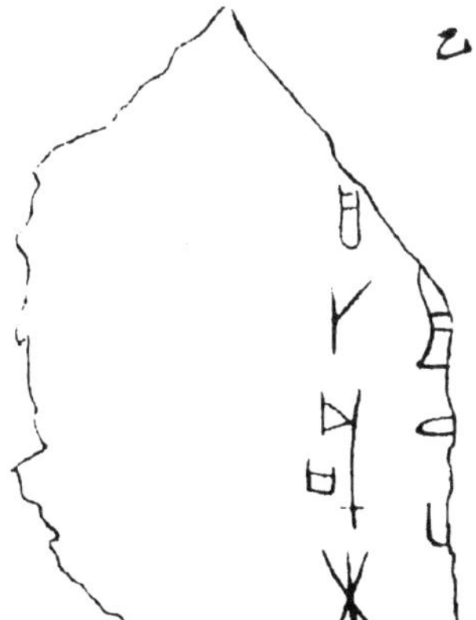

口酉卜，咸求
……且丁牛。

第四十四片骨　續一、七、三著錄

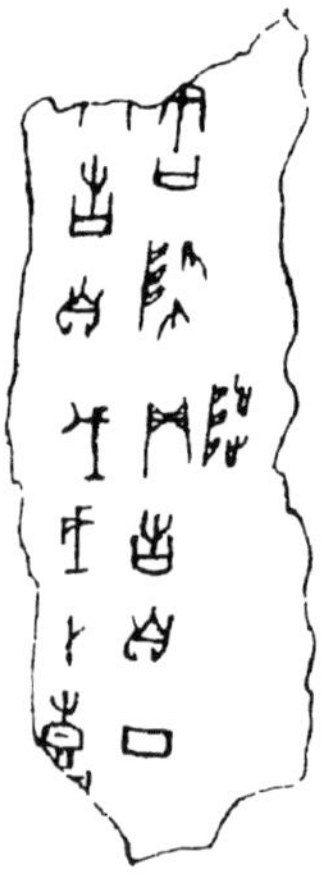

貞，告，自唐降。

戊戌卜，喜，貞，告，自丁陟。

此貞告之辭。

第四十五片骨

乙卯卜，口貞，卸子口

此貞御之辭。

第四十六片甲

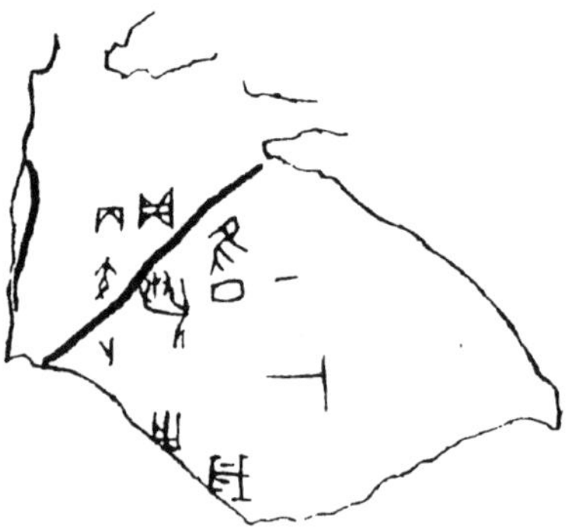

丙寅卜，貞，忛(埶)用售(雍)戠。

□在卜辭或作□，前六、十六、一、或作□，後下三九、十四等。或作□。後下三七、五。王襄以□□為古埶字，「象人執木形。」類纂正編四、七。□□為古埶字，「許說種也，石鼓埶作□，從木從土從丮，此省土。」同上十二。□□為風之本字，引華學涑說謂「米象指風向八方之形，□即□之所由譌。今隸𠙊之從凡，亦一證。說文風篆文從□即十之譌，十為※之省。古文從日，即古日字。金文作□與※形近，故譌從日也。」（同上五九）商承祚於□□同王說，而以□□□為苣，云：「此象人執炬火。屮為木之省，川象火燄上騰之狀，與尞作※同意，當是炬之本字。說文解字：『苣，束葦燒也。』許君殆未知本有炬字而借苣為炬矣。」（類編一·九）羅振玉以□□□為一，云：「殆苣之本字，或從木省作屮。」（增訂本殷虛書契考釋中五十）葉玉森於□字，從華氏釋風，而謂說稍迂曲。「卜辭尞亦作※，兩手舉尞，則觀火之向，即知風之向，故古風字從丮從尞。」（殷契鉤沈）郭沫若於□□二字，商釋為埶，而王國維讚為極精確者，駁之曰：「□字於原辭並無埶義，至說□為埶，尤屬牽強。蓋此實□字之省也。知者，以有辭云『王其田，宗□』（後上十四·二），另一辭文同而字則作□（同上六）。」彼字商釋為炬，較為可信。（通纂考釋二三）商承祚於近作佚存考釋則謂「□與□一字」。余曩釋炬埶皆誤（殷釋五七），而盡釋為尞。

余按□□□□確是一字，卜辭□或作□可證。至王葉釋風之□字，見於殷契徵文（天十一、續四十二·六），其辭曰「王宓□」，固仍是從□從木之字也。他辭恆言「王宓□禪」，則□即□字無疑，傅會為風，斯為妄矣。羅商釋炬及苣，於字形全不相合，郭反謂較為可信，失之。商後改釋尞尤誤，卜辭自有尞字，與此初無關涉也。余謂此字當以王釋爇及埶之本字為較近，惜彼誤分為二耳。古屮木通用，故□或作□，其本義則人持屮木為火炬也。後人謂是種植之形，則增土而為□，其形小變則更為埶，而火炬之本義湮。其本義因別孳乳為從火埶聲之熱，詩曰『誰能執熱，逝不以濯』，熱當即火炬，故必濯手也。又孳乳為爇，燒也。然則此本人執火炬之形，為埶之初字，而其義則當於後世之熱若爇。卜辭用於田某地之下者，當解為燒，火烈俱舉也。或以紀時，如云『忛入不雨，夕入不雨』，讀為爇入，殆如上燈時候矣。

第四十七片 骨

豖帝。

貞，甫

丙戌……

□舊釋豕非，此即□之異文，牡豕之形，而畫其勢於旁耳。小篆變作豖，說文『豖，豕絆足行豖豖，從豕繫二足』。許誤以丨為繫，不知劅訓去陰，猶之劓為斷鼻，是丨者豕之勢也。

第四十八片 甲

出宰。
及本
口酉
口

夲當即本字說文從大從十誤。

第四十九片甲

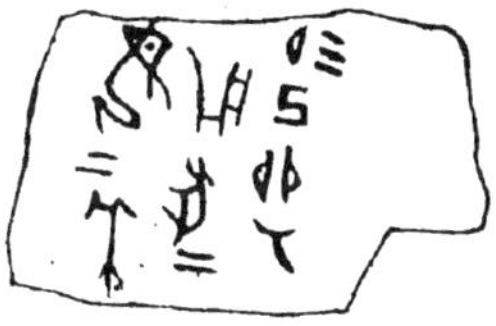

彡三
己卯卜，
用豕二
母戊。二

三月冠於日名上，卜辭不多見前人以為他辭雜入者誤。卜作丅，猶乂之作乂，前人誤釋為丂。甲骨文編五四，兩例並當釋為卜。

第五十片骨

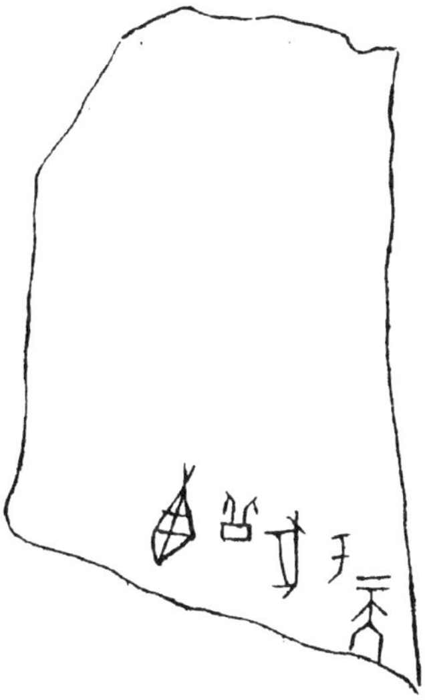

天……
于……
豕……
指……
甶……

指字亦見新獲卜辭寫本二六〇片。

第五十一片　甲

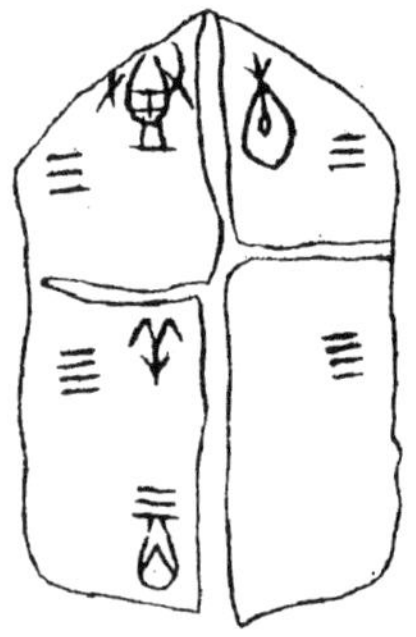

三　三
□
⿲火皀攵　羊　二告
三　三

⿲火皀攵字自王襄氏誤與弄字混，商承祚襲之，學者遂漫然無別，不知此實從皀，與從豆迥異也。卜辭恆云⿰登攵人口千，與𠬞人口千同，而學者尚讀⿰登攵為登，可見積習之難返矣。⿲火皀攵字象兩手奉皀，皀作□若□，即□字，進食物之形也。以卜辭或用𠬞字推之，當從𠬞聲。考說文饔飴二篆相次，饔，熟食也，從食雝聲。飴，米櫱煎也，從食台聲。⿱食異籀文飴，從異省。原本玉篇則於饔下有籀文⿱食異，而於飴下有重文饌，並引說文。慧琳音義九二葉七（饔注）亦引說文籀文從共作⿱食共，新撰字鏡食部饌飴二同，饔⿱食異二同。是唐人所見說文皆然。今本說文蓋經妄人誤改，以⿱食異字所從與說文異之下半相似，誤謂⿱食異即饌省，遂刪去饌篆，而移⿱食異於飴下耳。今以唐本考之，則⿱食異自饔之重文，當即此⿰登攵字所衍成。⿲火皀攵象兩手進食物，而饔訓熟食，⿰登攵從𠬞聲，亦正與饔聲相近，則⿲火皀攵即饔之本字無疑。卜辭多作⿰登攵，然亦有作□者。後下八、三。金文芮殷歸吳姬□器，□一作□，其作□形，即說文籀文作⿱食異所從出，然亦可推見本從□（共）從𠬞，誤作□形也。彼銘正當讀為饔器，舊以為飴器者誤。至卜辭諸⿰登攵字則讀皆如𠬞，蓋供給之義。

後下四二．四云『戊酉卜，巫寧雚』。庫九九二云『辛酉卜，寧雚巫九豕』。與此辭相類，疑此雚上所缺亦寧字。說文『寧，定息也』。寧雚巫謂祈寧風于巫也。或云『寧戠伊奭一小牢』（粹八六八）則祈于伊尹也。或云『乙卯卜，㱿貞，寧雚』（燕五五八）『其寧大戠』（粹八二七）『甲戌卜，其寧雚三羊三犬三豕』（通典十六）則皆止之祈之辭。郭沫若粹編考釋誤以伊奭為伊尹之配，遂謂『殷人神話或者以伊尹之配死而為風師』（二〇）。失之。

第五十二片　甲

……雚（風）一
口巫寧三
口卜，王，貞

王舊不識，余以詛楚文巫咸字定為巫，詳古文字學導論下十八。然則羅振玉取風之殘文作風者釋為巫，其誤自易見也。彼為弄字，當是弄之古文。

第五十三片　甲

庚。
于南（南）
貞口

南即南，詳余殷虛文字記。

第五十四片　甲

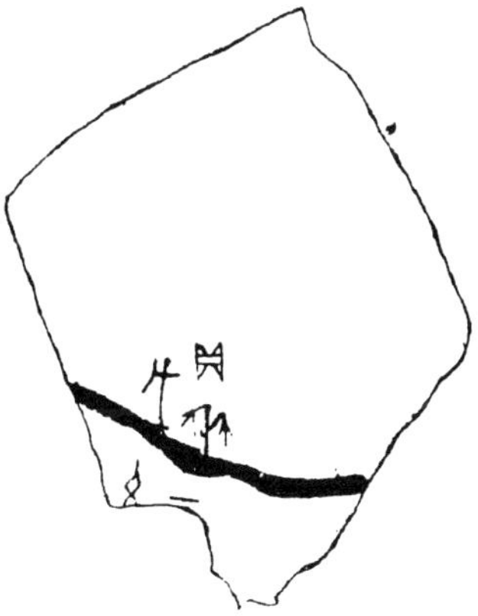

貞受（求）……
戊午……

此貞受年之辭。午字傍有泐文，拓本之背可辨。蓋原有筆畫者，紙被拓入較深也。印出則無可稽索，故印本不如拓本。

第五十五片　骨

續二、三十、三著錄

□□

桒。
北受
𣎆(𣎆)于
貞乎

桒。
其……
貞↳

第五十六片 骨

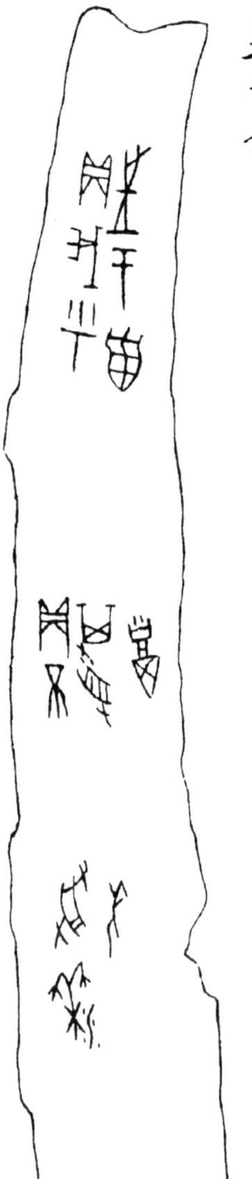

㞢于甾。(西)
貞我屮

䇂䇂。
其受
貞不

年。
受黍

黍年。
其受
……↳

䇂自羅振玉釋酋，後人咸襲其誤，不知其與酉形迥異也。余釋䇂，詳殷虛文字記。二五

䇂當是𣪊名，䇂年與黍年例同。甾舊逕釋西，余釋甾，叚為西，詳論四方之名。考古四期

第五十七片 骨

允出。

口因(𡆥)
我㞢
不佳↳

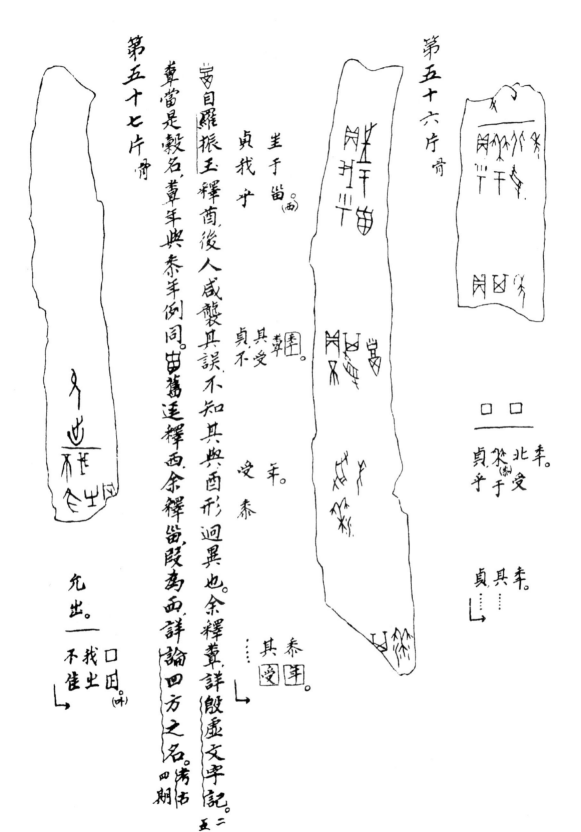

卟讀若咎，詳前。此貞有咎或亡咎之辭。

第五十八片甲

甲兆面

貞……子汏佳囚。

乙灼面

□

第五十九片骨

□

貞，其出囚。

兇其出囚。

第六十片骨

貞，告土方于囲。

受出㚔。

貞，告土方于囲。

受出㚔。

此貞告方之辭。

第六十一片 骨

于唐。
𡈼方
貞，告

𧗝。(還)
不口
貞，方

𧗝舊不識，余謂是還之本字，卜辭曰：「貞，𢀛方𧗝，弓告于且乙」者，（徵上二九、二）「貞𢀛方還，勿告于祖乙也。」「貞𢀛方口𧗝」者，（十四、𢀛）「貞𢀛方其還也。」此云「貞方不口𧗝」者，貞方不其還也。字從行從方從𠛱，從方與口同，卜辭以𧗝為衛可證。衛袁古一字，卜辭𧗝或省作𧗝，師遽尊環字偏旁作𠛱，當即𧗝之省變。衛從𠛱與目同，伯睘卣睘作𠛱可證，然則𧗝即古睘字，亦即還字也。

第六十二片 甲

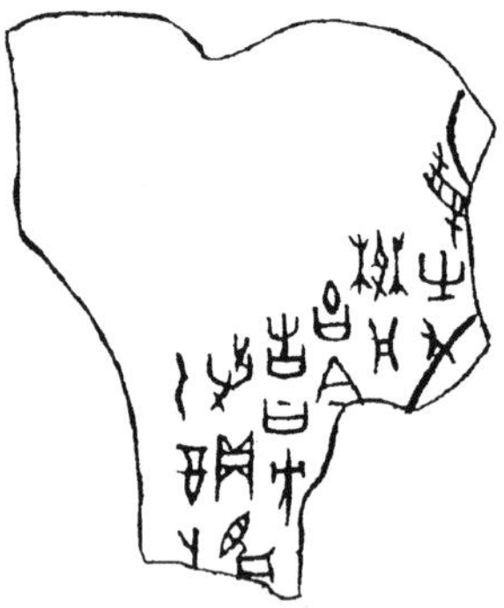

受㞢(有)又。(祐)
𣏟凡，(同)
由今
告曰：方
𠂹貞，𢊍
乙酉卜，

按前編（七、二一、八、四）一辭云「……完，貞𢊍告曰：方由今𣏟凡，受㞢又。」除卜人為完外，餘全與此同。𢊍作𠃬，知此脫下半字。今𣏟為今𣏟紀時之稱，詳十七片。𠙵舊不識，余謂是由字，或作𠙵（見附圖）象胄形，與小盂鼎胄字作𠙵者正合。其作𠙵或𠙵者，胄形之省，猶𣪘㑢白晨鼎胄之作𠙵也。說文有由之偏旁而無由字，後人說者甚多，繫傳引李陽冰云即缶

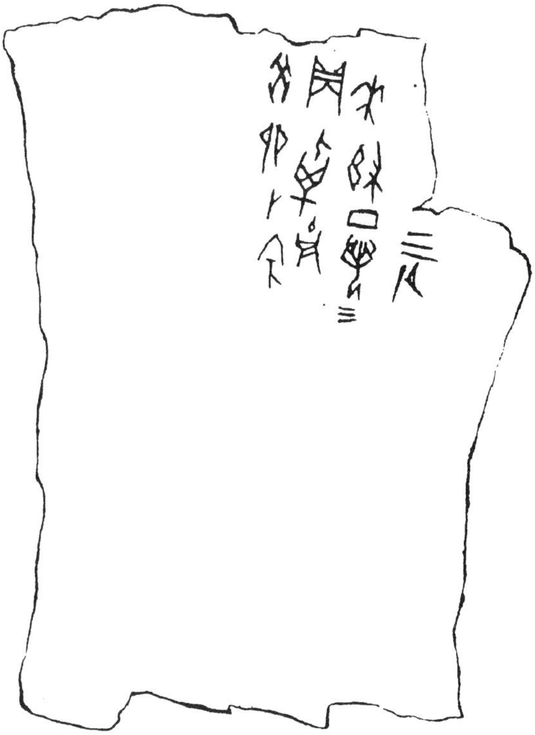

甲骨文錄六五〇片

十三月
來歸口㞢。三
貞卓曹
癸卯卜，宂，

□字，隸於考釋中作□誤。

字同。今按古有由字，亦未審也。（疑義篇）徐鉉說文注引徐鍇說，謂是甹之省。夢瑛說文部首於甾下注由字。段玉裁補為繇之古文。江藩謂是甲之倒文。鈕樹玉以為訓鬼頭之甶形最相近。鄭珍謂夲即由本字，以十合書於內則成由。王煦謂柛古文作□，柛由古音通轉，故得為柛。蓋以□為由。孫詒讓疑由即用之異文。自戴侗嚴可均姚文田桂馥苗夔王筠朱駿聲等皆用徐說，以甹為由，獨王國維作釋由二篇，以甾為由，與夢瑛同，為近學者所宗。其所持之證，除由作甶與甾近外，僅據原本玉篇用部末甴字注云：「說文以從由為䛻字在言部。今為由字，說文以由東楚謂缶也，音側治反，在由部」一證，較為重要。蓋王意在證明由字古作甶，然由何以得為甾，則除玉篇及夢瑛所書外無記據也。考萬象名義新撰字鏡等書於從甾之字，俱書作由，是六朝人書甾由二字不別。禼象名義由部「由，側治反，又与周反，由。古。𠙵，古。甾，今由。」此側治反之由，實是甾字，云「甾，今由」者，蓋本是甾字，今書作由也。然則側治反之甾與餘周反之由，顯是兩字，（禼象名義當本玉篇。）前者在玉篇有甾部，與說文同，後者為說文所無，即因其形似倒用而入用部。惟以六朝人書甾亦作由，故顧氏於由下既言「說文以由東楚謂缶也，音側治反，在由部」。而於由部兼舉与周一音，云「甾，今由」，蓋俗書字形無別，則惟有以聲音剖義別之矣。夢瑛以由照甾篆，亦當是承六朝唐人之習，非謂甾讀餘周反之由也。玉篇甾由既是二字，則王說根本無據。古文甾由二字之形固相近，然不可謂是一字。（王謂甾本讀側治反最誤，尸鎛「甾」字，陳尚閭量作「甾」，皆即臨菑，是甾之讀可知。）今由卜辭金文觀之，則由即𠂤字，（𠂤象人冑之形）戴唐以來所紛紛聚訟者，當以此為定讞矣。

夢瑛書甾為由，音為方九，則亦以甾與缶同，李陽冰之說也。於此可見其以由照甾篆者為隸變，而非以甾為由從之由也。

第六十三片 甲

甲 兆面

貞，今㞢（春）王弓从昆乘……

乙 灼面

五殸

此貞王從某人之辭。王從昆乘為者，王以昆乘為從也。

𣪊近人皆寫為殸，余依孫詒讓釋殸。此云五殸者，當如他辭之八殸九殸，余舊讀殸殸為穀，詳殷虛文字記。郭沫若曰「㱿舊釋為南，于用為祭牲之事若難解。近時唐蘭始改釋為㱿，而讀為穀。今案釋㱿是，而讀穀則未為得。如『㞢于且辛八㱿，九㱿于且辛』說為八穀九穀既不辭。如『癸未卜帚鼠（蘭按當釋豸。）㞢匕己㱿犬，帚鼠豸㞢匕庚羊犬』（庫一六六。）㱿犬與羊犬對文，則㱿當是動物名。更有一例曰『𠭯九宰，卯三㱿』（堂野前氏藏骨。）与卯牛卯羊之例同，尤足証㱿之必為動物。由上諸証，余改讀之為㲉，說文云「小豚也」。段玉裁云：「左傳晉有先穀字彘子，蓋穀即㲉字。」釋獸曰：貔，白狐，其子㲉，異物而同名也。今卜辭既每以㱿為牲而與羊犬同列，自當是小豚，而非白狐子矣。』（粹編考釋一六五。）余按郭訂正較余舊讀為優，惟尚須略加修正。卜辭云宰㞢一牛㞢㱿，（通二二）是㱿與牛同称，云一羊一㱿，（後上五·一）是㱿與羊同称，云十豕㞢㱿，（庫一七五）是㱿與豕同称，云一犬一㱿，（庫一九八七）是㱿與犬同稱，然則㱿或殸，乃畜子之通称，不僅小豕也。莊子駢拇『臧與穀』，崔注『孺子曰穀』。方言八『爵子及雞雛皆謂之㲉』。廣雅釋親『㲉，子也』。是殸聲有乳子之義。

第六十四片骨

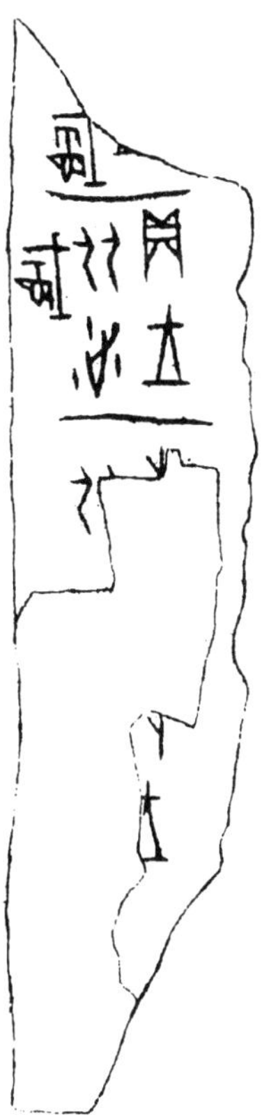

戠

貞王从止戠。

从口

貞王

㞢𢦏習見於武丁時卜辭。㞢金文作[glyph]（奇觚三，廿卅毀）象止在水中之形，羅釋洗，葉玉森疑諸，疑㞢（鈎沈）疑泥（前編考釋一下五九）均非，林義光以㞢𢦏為熒惑（國學叢編一期四冊）尤謬，近人多釋為㞢者是。𢦏孫詒讓釋戛（舉例下八）林泰輔釋馘（龜甲獸骨文字抄釋一，三）葉玉森謂從首之𢦏與從口之𢦏疑為同字，因並讀為國。（鈎沈）孫海波承林說而釋之曰：「象繫首于戈之形。」（文編十二，四）今按𢦏從西，實非百或首形（卜辭首字作[glyph][glyph][glyph]等形，前人未能識。）則戛馘之釋俱不足信。孫謂繫首于戈，然西形與戈不聯。且卜辭習見西字，自為一獨體字，而非附屬於戈者，孫乃置於附錄，不加解釋，昧於偏旁分析之法，其說自難圓通也。葉玉森又謂西或古盾字，則𢦏即古文戠，其從日者，乃最簡之形，亦非或。（前編考釋一下五九）今按西與盾字形亦不類。卜辭有盾字，前人未識。如云「甲寅卜，完，貞王[glyph]大示。」（前三，二二，三）「貞𢦏王自圉[glyph]大示。」（同上四。）[glyph][glyph]即盾之本字，當讀為循，則西非盾可知。余謂西當為害若害之本字，（卜辭或以西為地名，陳邦福釋牒，大誤）象首有物蓋之之形，金文𢦏字於商時彝銘中作[glyph]（攈古一，二，四九，亞止㝬鼎）[glyph]（殷文存下二二，亞㝬角）[glyph]（攈一，二，十五，亞㝬角）昔人誤為[glyph]夫者，其上所從乃害字，周代金文作[glyph]若[glyph]者是也。或變為[glyph]若[glyph]，故害變為[glyph]，則害害一字之明證也。（散盤㦔亦作㦔）西字當本作西，即西之異構耳。卜辭之用西字，除地名人名外，其云「多害」（藏一一八，二，前六，七，二，後下四，二，九）與「多臣」「多[glyph]」等同，疑當讀為奄，奄豎之屬也。（割蓋聲近，蓋即商奄。）商云「□寅卜，㞢，貞害乎人伐……」（摭四六。「貞，弓𡧊人手。」林一．二五．一．二疑當讀為掩，方言六「掩取也」。其云「貞，𡧊牛百」，前三．三三．二則當讀為割。𡧊既為𡧊及害，則𠷎當為𢧢或戕，其字為說文所無，然從刀之字，古或從戈，如散盤「用矢𢧢散邑」，𢧢即方言之劉，則𢧢當即割之異文。卜辭𠷎字除人名外，有一例云：「庚辰卜，卜亘貞，𠷎牛于𡼭京。」𠷎當讀為割牛，前六．二一．則𠷎必從𡧊或害聲無疑。沚𢧢人名，卜辭或僅言沚，如「沚其或𢦚」，續十八．一．是沚為國名，𢧢蓋其國君之名也。卜辭尚有沚𠯑，前人俱以為與沚𢧢有關，故或謂𠷎𠯑一字，或以𠯑為𠷎省，今按沚𠯑可為別一時期之卜辭，其人自名𠯑，與此非一人，固不必強求其通也。菁華云「三至五日丁酉，允出來嬉，自西，沚𢧢告曰：「土方征于東鄙，戕二邑，𢀛方亦侵我西鄙田……」菁一由此可知沚為殷畿以西之諸侯，與土方𢀛方接壤，故殷人伐土方或𢀛方時，沚𢧢每從行也。

第六十五片骨

从

貞，于盡戊。

貞，王弓从沚𢧢。

第六十六片骨

吉
于唐
□□卜殻，
□丑卜，乎
貞 乎䖵（缺一）
呂方。
（八在殻中上）

乎貞
□
不𢓊（缺一）

此貞䖵之辭。

□字舊無確釋。羅振玉釋伐，增訂考釋中六八。葉玉森謂卜字伐字概作揚戈荷戈持戈形，無作曳兵狀者，且此之所攜亦非戈。予曩釋頗，謂象人形一足，又手持一物象足，蓋用以代足者，疑即象形頗字。殷契鉤沈。復思此字既作側視形，僅見一足，似不能斷定為頗。手攜之□下箸于地，或象農器之鉏。卜辭揩字象兩手持耒，此則象一手攜鉏，二字似同時所制，故構造法相同，疑即古文鉏字。前編集釋六十九。郭沫若寫作䖵，云「像一人倒執斧鉞之形，舊釋伐不確。」粹編考釋六。今按伐字作□象以戈擊人，故其刃接於人頸，與此迥異。此人形上作□者，即首，故字或變作□後上二四。蓋古人作人及猴首均作□其首變為□為□為□，或逕為□，非首有兩歧，亦非從目也。□象首部側面，故兼及其耳。故卜辭此明義士氏藏骨，承容庚氏以拓本見借，摹錄如次。甗戈於此為人名或地名。

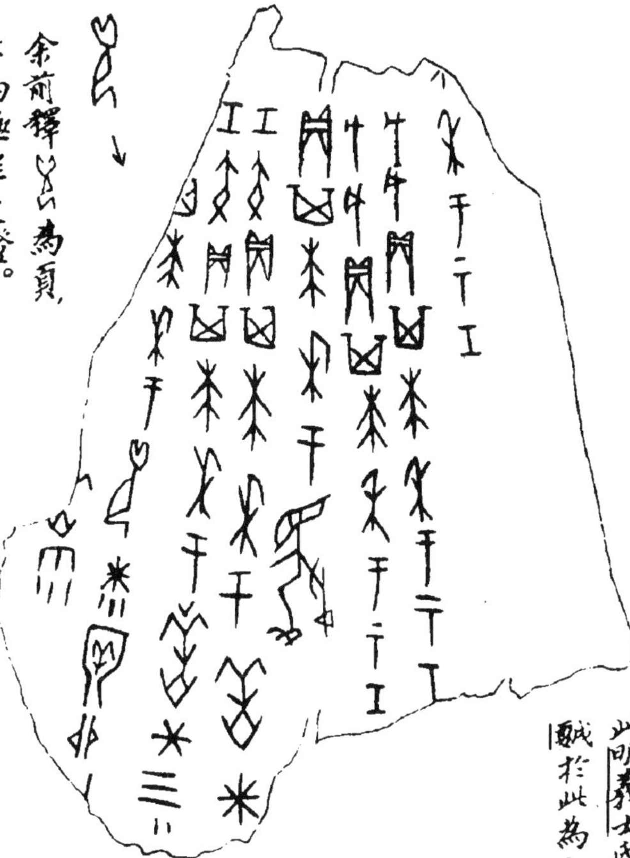

……𠦪禾于示壬。

戊戌，貞，其𠦪禾于示壬。

戊戌，貞，其𠦪禾于示壬。

貞，其𠦪禾于甗戈。

壬寅，貞，其𠦪禾于羔，求……

壬寅，貞，其𠦪禾于羔，求三小……

口其𠦪禾于頁，求小𡨦，卯牛。

羔雨。

余前釋[illegible]為頁，此為極佳之證。

卜辭甗戈字有不示足形者。

[illegible]為頁字，[illegible]為頤字，此顯從[illegible]或[illegible]為夒字，下一形較原始，孫海波釋為猱，誤。而此所從者為夒字。然古文於人形，其特示足形，多無深義，如允即夋，兕即[illegible]，光即[illegible]，則夏亦即頁字耳。葉釋頗，郭釋甗戈，其頁或夏旁均不誤。葉又釋鉏，則無一是處矣。葉氏之釋文字，自謂若射覆，故多妄誕之思，如謂此人形所持為代足之物，又謂是鉏，並無根據。郭謂倒執斧鉞，其義較優，亦未中的。蓋[illegible]之倒為[illegible]，字至明顯，當釋戌，非戊字也。古戊戌為

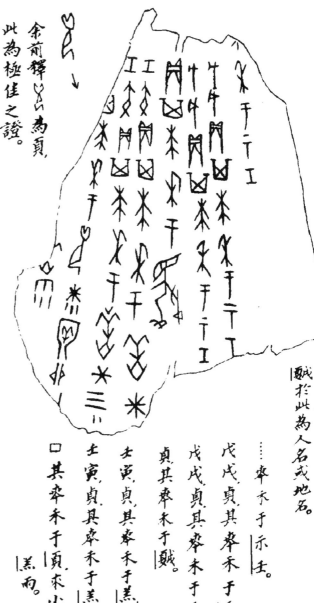

一字，戌為別一字，幹枝之合有戊戌，此決不可混者。然則此字像人曳戌之狀，戌亦戈戌屬之兵器也。由其字形，當有戰勝者耀其威武之意。古文之倒書者，或陟為正書，如𠂤或作[glyph]，則[glyph]可變為戩。古文之從口者，象有器盛之，如曹為從口𣍘聲，冊為從曰冊聲，則咸為曰中盛戌，當是從曰戌聲。然則戩即顑字，戛即頁戌即咸也。此云戩𢀛方，當讀如『咸劉厥敵』之咸，『克減侯宣多』之減，蓋顑字之本義。說文以顑為『飯不飽面黃起行也』則後起之義矣。西伯戡黎之戡，疑即由顑字本義所孳乳之形聲字。

第六十七片 骨

貞，𠧟(唯)王坐伐𢀛(邛)……

貞，乎伐𢀛(邛)方，受㞢又。

此貞伐之辭。

𢀛方之名，卜辭習見，為殷人西方之大敵。𢀛字舊無確釋。孫詒讓釋昌（舉例上三二），王國維曰：『昌無作𢀛之理，惟卜辭吉字或作[glyph]，或作[glyph]，與𢀛相似，然無由證[glyph]𢀛之為一字也。』（殷虛文字考釋二五）林義光謂卜辭𢀛方[glyph]方並即鬼方，𢀛上之[glyph]象土塊，亦即土字之變，與吉上之[glyph][glyph][glyph]初無大異，則𢀛與吉其初皆為𠮷字，古音與鬼相合，卜辭屢見之𢀛方，自即為經典所恆見之鬼方矣。土方亦即鬼方，土字作𡈼，象土塊形，故𡈼字可以土為之。𢀛方𡈼方不能各為一國。卜辭云「土方征于我東鄙，𢦏二邑，𢀛方亦侵我西鄙田」（菁一），一辭中前作土方，後作𢀛方，蓋古人用字不定，曾未足異。（鬼方黎國並見卜辭說。）葉玉森謂「卜辭𢀛之異體間作𢀛，無一作𢀛形者，吉字亦無一作𢀛形者，其非一字可以斷定。又謂𠙵與𠆢𠆢𠆢其形絕異。卜辭土字及從土之字無作𠙵及𠆢𠆢𠆢形者。林氏謂𢀛與吉其初皆為古字，未可遽信。卜辭中之土方𢀛方明為二國，不能強斷為一。且安陽發掘報告獲甲有鬼方二字，則𢀛方非鬼方亦非土方可以斷定矣。」（前編集釋一下二五。）葉釋𢀛為苦，謂「說文𠀠舌貌，到置之與𠙵相似。𠀠从▽象舌，丅象其系，入象其紋。𠙵則消入，疑古舌字。𢀛象舌出口，乃古苦字，味苦則吐舌出口。」（沈鉤）今按說文𠀠字即卜辭𡆥字，佃猶等字可證，本象席簟之形，許釋舌貌，後起之段借義也。𡆥形與𠙵迴殊，𡆥又非舌，是葉以𠙵為舌，已無根據，（古舌自作𠯑。）舌出口為苦，尤屬杜撰，則𢀛決非苦字也。或釋為呂，（予不憶其為誰氏說。）然金文呂作吕，與此迴殊，亦不足信。余謂𢀛為𠙵在凵中，凵者凵盧也，𠙵為𠮛之倒形。卜辭有𠮛字，舊不能識，（見甲骨文編附錄三三。）郭沫若氏因工獻遼文，工或作𠮛若𠙵，謂「當是工之異，猶𡈼之作𡈼，𠈌之作𠈌也」。（通纂考釋六三。）余謂郭以𠮛為工，至精且確。惟工形實後起，由𠮛𤔲變而成，與𠯑為𤴓相似，非工變異為𠮛也。

古倒為工，（後下卅七。）當即呂字所從之呂。近見柏根氏藏甲骨文字有𢀛字，即𢀛，當釋為扛，又有𢼄字即玒，當釋為攻，（并見附圖。）其所從之口若工，即呂或呂所從，尤為顯明，則

柏二七片背面

叀由 收于 弁𠦝 宂貞 乙酉卜

玒氏

柏四九片背面

呂為從工之字，可斷然無疑。呂象工在口中，以象意聲化例推之，當為從口工聲，今無其字，卜辭用為國名，則當是邛之本名。卜辭有𢀛方，舊不識，余以為巴方，又有蜀，則吾當即邛笮之邛，其地畧當四川之邛縣，在殷時當甚強盛，故為西方之鉅患也。

第六十八片 骨 續五．三五．五著錄

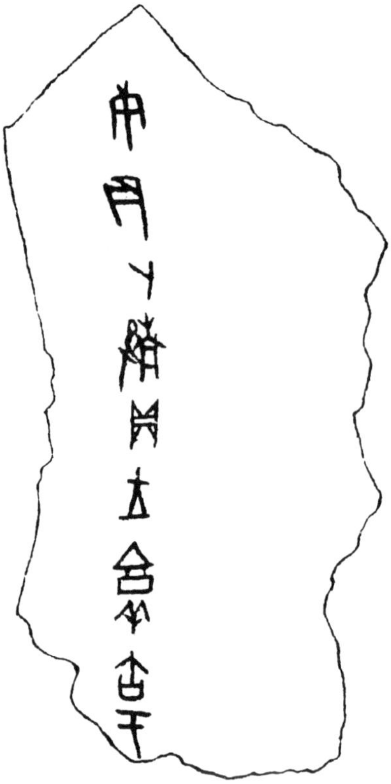

庚辰卜，𣪊，貞王𦎫缶于蜀。（蜀）

此貞辜之辭。辜者殺伐也。卜辭恒見『王辜缶于蜀』之語（如後上九·七辭一、七·五及北大藏骨）一一知此片于下所缺必蜀字也。凡此皆武丁時卜辭，可見武丁時之兵力，西連巴蜀，故易曰『高宗伐鬼方，三年克之』，則西垂拓土，當以彼時為最盛矣。

第六十九片 骨

令任。
貞勿
甲午卜，㱿

此貞令（命）之辭。續五，二二，二，文同。

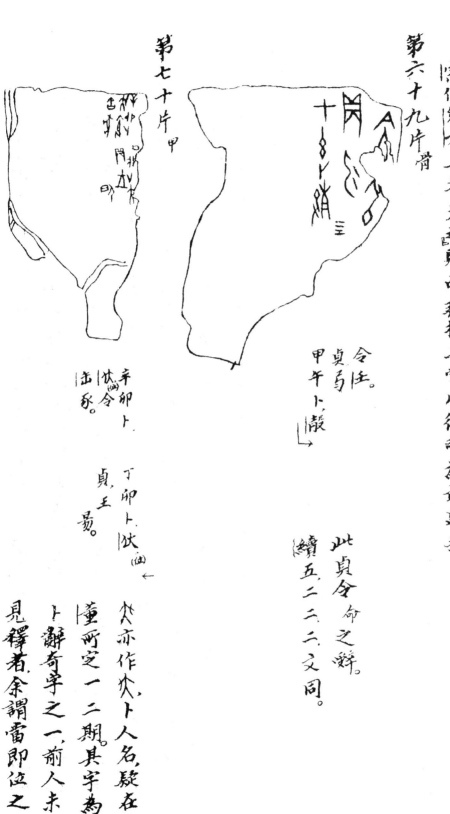

第七十片 甲

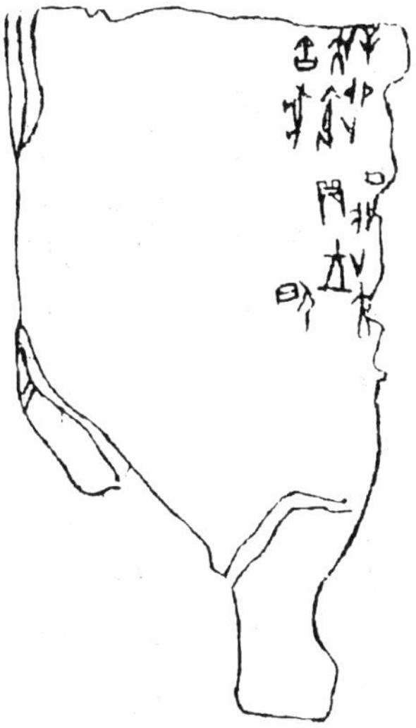

辛卯卜，
伏（囟）令
出豕。

丁卯卜，伏（囟）
貞，王
易。

伏亦作伏，卜人名，疑在董所定一二期。其字為卜辭奇字之一，前人未見釋者，余謂當即位之本字。以字形言，此本即大字而特著其一手，如金文矩字作玞或作肰，從夫者即夫亦即夫也。後世夫字不傳，而其形變譌為伏，古文從大與從立同，如㚘即竝，𡘡即竝，則夫自得譌為位，即後世之位字矣（扶即庚字，董作賓以扶為扶字，大誤）。金文尚以立為位，立字象人立於地，則位之從人，實為複重，為夫之誤體無疑。金文有𨹡尊（殷文存上二六），其字作𨹡，前人釋班、釋辨，並未確。余由卜辭㚘或作𠈡（後下十九、四），悟竝可作竝，其譌為竝，又變ㄅ為𠣞，如彩為彩，牧為物，于為亏之類。遂作此形，實仍是竝字。此正夫誤為位之鐵證。

昍當是昜之本字，與昊、殉等字同意。字形小變即為昱矣。

第七十一片 骨

貞，㞢七月王入。

此貞入之辭。

㞢七月者，㞢猶是也。古書恒曰之子，卜辭則以記時，如曰之日、之夕，及之某月是也。亦以茲為之，後編下一辭云『茲不卜，貞，茲夕又大雨，茲卯夕雨』，同片云『于之夕又大雨』（十八、十三）。是之茲通用之證。

第七十二片 骨 佚九九七著錄

第七十三片 甲

甲 背面

壬辰卜回、貞王生出于𦎫。

乙 骨臼

婦示三屯。帚妌庚寅、

此貞往出之辭。回、武丁時卜人、或寫作㠯、回亘古一字。□疑當釋妌、即妸字、說文『女字也』。商承祚釋娥、佚存考釋誤。

第七十四片 甲

田。生出貞王

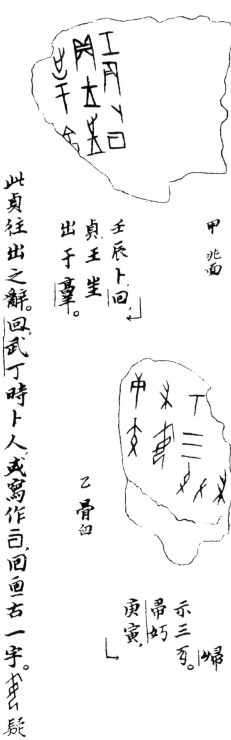

第七十五片骨

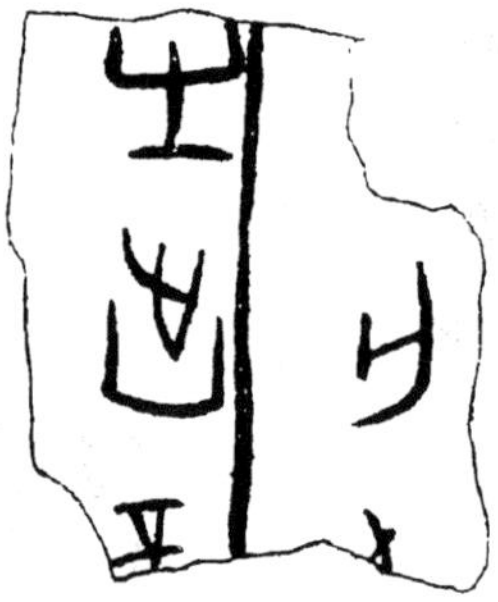

甲 兆面

亡口

㞢出口

告

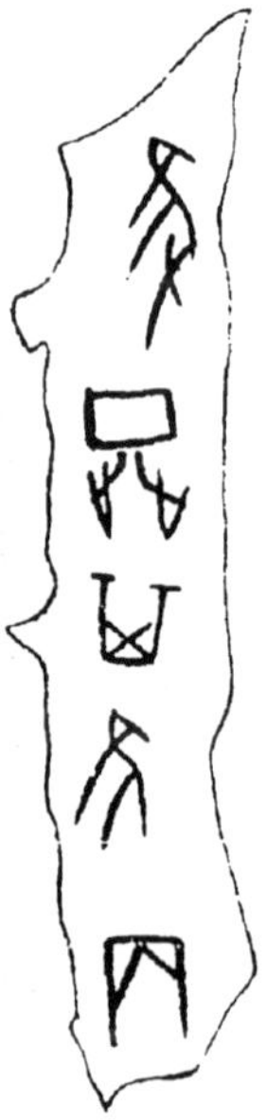

隻貞弗其貞
延。氏。隻延。氏。

隻延、其隹丙……

此貞田之辭。

第七十六片甲

續三、四三、五、佚九九○著錄

□□之日
壬㞢于
田、从融京、
允隻罡(劉)二雉十。

育

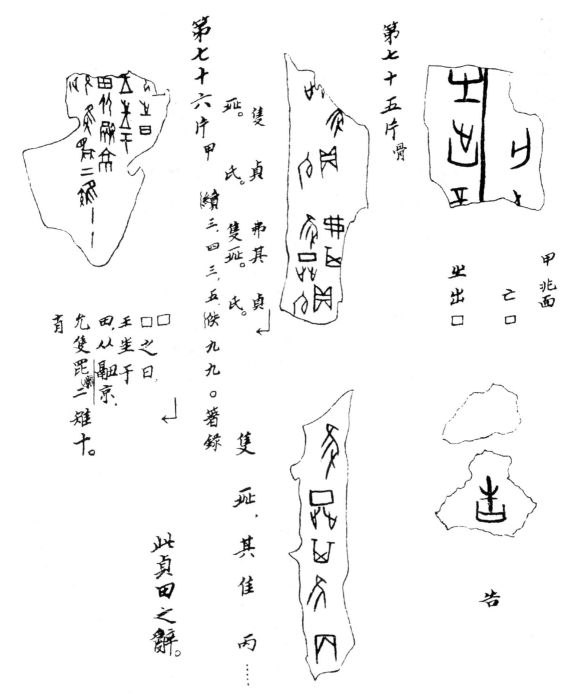

第七十七片 骨

……卜，……㞢，……卣

壬午，王卜，貞田□，㞢來亡𡿧。王卣曰：吉。

辛子，王卜，貞田曹，㞢來亡𡿧。王卣曰：吉。

……不……雨。

王卜者王親卜也。此類卜辭在殷之末葉。

曹當從曰東聲。卜辭或作□□□等形，昔人未識，金文歸夆毀云「□卣」，郭沫若誤釋為卷廿卣，寶即此字。匋器有□字，前人亦未識，即□之變。蓋卜辭東字或作□□□□□等形，前人誤以為卷，（東卷同類，疑段東為鬱。）余按卜辭故□或作□□，猶□之即□若□也。詳余殷虛文字記二八。說文畏古文□，以□（虐）作□推之，疑古文本作□，東畏聲近，誤認為畏之古文耳。

第七十八片 骨

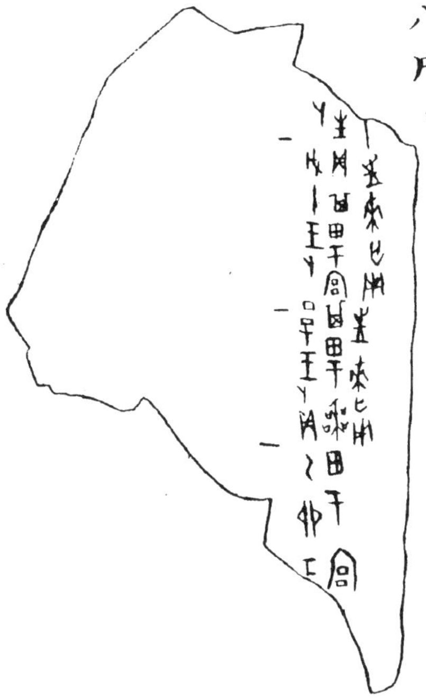

……卜，……㞢，……口

一

戊午，王卜，貞其田于宮，㞢來亡𡿧。

一

丁未，王卜，貞其田于□，㞢來亡𡿧。

一

乙卯，王……田于宮，……

第七十九片 甲

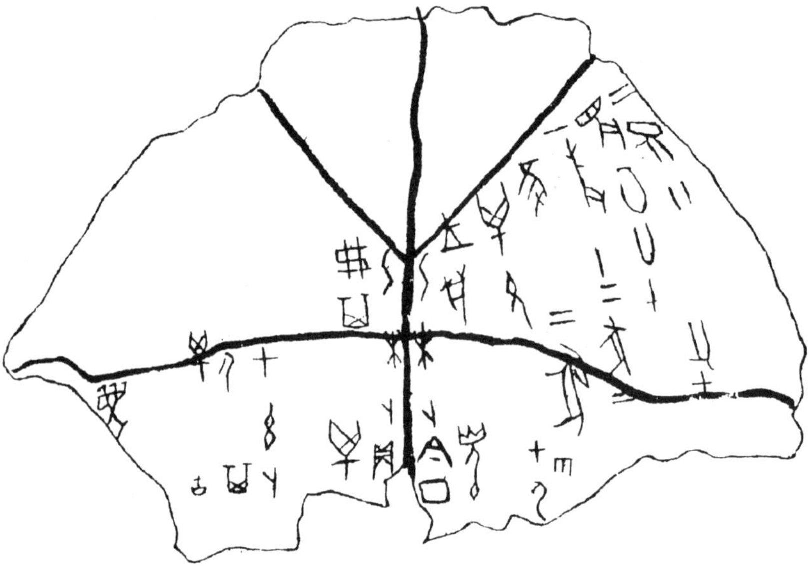

二、豸廿 □ 七

毘百廿七、□

一、鹿二十、豕二、

隻（獲）□二、彖

毕（禽）允

王獸（狩）墜、

乙未卜、今日

乙未卜、貞、

弗其毕（禽）

甲午卜、

□其

毕（禽）吉

毘（麋）

雨

甲申

此貞王狩禽獲之辭。

[illegible]字孫詒讓據金文禽作[illegible]，謂似即[illegible]之省。（舉例下四一）羅振玉釋為畢（考釋、四八）、學者均從羅釋。今按羅說非是。說文『畢，田网也，從華，象畢形，微也。或曰：由聲。』金文畢作[illegible]

等形，明不從田聲。羅氏因謂『卜辭諸字正象网形，下有柄，即許書所謂象畢形之華，後人又加田，於是象形遂為會意。漢畫象刻石凡捕兔之畢尚與𢆉形同，是田網之制，漢時尚然也』。羅意蓋謂華象畢形，畢本與華一字，後人加田以為田網之會意字。然金文之畢，實不從田，田在𢆉形之中，明非田野之田。田網之說，本屬附會。至𢆉字本由Y字蛻變而成，象罕之形，詳前二十五片。罕畢雖同類，其字固有殊也。羅氏釋𢆉為畢，而於𢆉下謂𢆉與网同，足證其無定見。若其所據漢画象之與𢆉形同者，亦不必定是畢也。卜辭𢆉字習見，釋為畢，其辭多不可通，而學者不悟，殊可怪異。詩云『畢之羅之』，畢是雉兔之網，而卜辭有『𢆉虎』拾遺六、十三『𢆉六象𢆉』後上三十、十『𢆉又麋』拾遺六八『𢆉兕』前四四二等辭，豈虎兕麋鹿而可以畢哉？後編下四一、十二云『丙戌卜，王𨑐，𢆉，允𢆉三百又世八』，𨑐是阱麋之義，允𢆉三百又世八者，正是得麋三百四十八也。𨑐即阱麋，又焉用畢，明𢆉不當讀為畢也。鐵雲藏龜之餘云『王其麥羌方𢆉』一、七，羌方又豈可以畢者耶？然則𢆉決不當釋畢，由文義已可定之。余按𢆉即干字，干禽聲近，史記蘇秦傳『禽夫差于干遂』，朱駿聲謂即周語之䏔遂。墨子有禽艾，前人傅會為世俘解之『禽艾侯』，殊可笑。禽艾即咸又咸古讀如感也。干䏔禽感並一聲之轉。然則孫詒讓以𢆉為禽，實較羅為優。惟𢆉當為禽之本字，而非省文，蓋後世音讀差異，遂加今聲耳。𢆉象罕形，其引申之義為禽，且豖犬在罕旁，則為獸字，禽獸通名，其用為動辭，則禽是禽獲，獸是狩獵也。卜辭罕字，讀為禽，則無不順適。禽虎，逐六豕，禽禽有鹿，禽麋，以及王甾，禽允禽三百有四十八，皆極易解。王其來羌方禽者，王祈於祖宗，冀有禽獲於羌方也。或云：「……獸隻，罕鹿五十㞢六，」（續一・四八・一）貞狩獵有所獲，而其占驗為禽鹿五十有六。或云：「丁卯……獸正……罕，隻麋百六十二，□百四十，豕十，旨一。」（後下一・四）本片云：「王獸𡑞，罕，允隻□二，冢一，麃二十，豕二，兕百廿七，□二，兔廿，□□七。」則皆貞有所禽，而紀其占驗稱獲，可見罕與隻為一事之異稱，故卜辭得通用也。（鐵十・八）云：「其田𣶒，罕。」他辭恆云：「某田亡𢦏，罕。」皆謂田而有所禽獲，猶易言「田有禽」。

第八十片　骨

乙未卜，雀隻虎，弗隻。肎才而。

戊午王隹亙豕。

亙疑亟字所從出。

而舊不識，余謂是而字，作而者即而之變。說文：「而，頰毛也。」

第八十一片 甲

癸未卜，㚔，貞：王才茲𤡿，戠獸。一 三

切羊。一

今歲……

辛卯……

羌

𤡿為卜辭奇字。徐中舒釋麓，按麓實從鹿，金文自有其字，與此從犬形者迥異，其說非也。郭沫若寫為𤡿，今無其字。余按此當是猒及肰之本字。卜辭字或作𤡿（粹五），從一犬。金文或作[glyph][glyph]（沇兒鐘），從三犬。或作[glyph]（秦公鐘），亦從三犬而變林作[glyph]。或作[glyph][glyph]者（齊鎛），變林作[glyph]。或作[glyph][glyph][glyph]（齊鎛），則從言𤡿聲。考𤡿雖未形，其字易與肉混，金文或作[glyph][glyph]，與從肉無異。[glyph]形如更省[glyph]為[glyph]，則為[glyph]，即後世之肰字，說文訓肰為犬肉，則已不知其本義而望文生訓矣。卜辭又有[glyph]字（鐵四十一、遺十五），當即金文[glyph][glyph]等形所從出，其作[glyph]形如省為[glyph]（如[glyph]為[glyph]），則有似於從甘從肉，金文作[glyph]形者亦然，此皆猒字之形所從出，說文以為從甘從肰者也。至常見之[glyph][glyph][glyph]則有似於從[glyph]從肉，[glyph]為㕣字，故說文猒字重文作[glyph]，從㕣從肰矣。凡古文繁縟者，後世恒變為簡易，𤡿篆析為二，則為肰，為猒，為猒。金文之作[glyph][glyph]者省之，當為說文肰字古文之[glyph]（[glyph]），蓋[glyph]形之譌，[glyph]則[glyph]之變也。秦公鐘云𤡿龢萬民，𤡿即肰字，亦即猒字。

猒讀如厭，合也，安也。猒協聲相近，是䜌龢猶協和也。尸鎛云「䜌猒龢而九事」，䜌猒為從言然聲，當為說文嘫之本字，其讀亦同。尸鎛又有猒字，則春秋以後已不知䜌猒之為一字矣。（郭沫若以𪚲為龖，𪚲為龔，見青銅器研究下二五，亦非。古龍字與此迥殊。）

第八十二片 甲

于……
鹿雉
㲺隻（獲）
貞子

𧰼近人有釋為廌者，蓋謂鹿當具二角，而此只一角故也。實則甚誤。廌字卜辭自作𢊁。鹿字小篆作𪊨，亦只一角，可知此仍是鹿字。

第八十三片 甲

甲兆面

夕……
卜貞口
戊寅殼

五

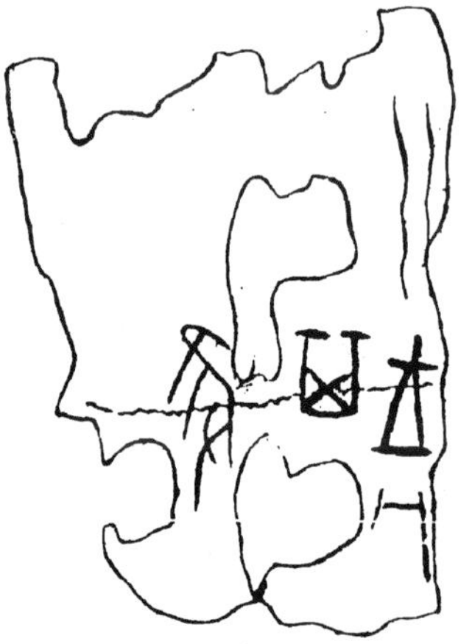

乙灼面

王固曰
其
隻。

第八十四片 骨

癸子卜，
貞犬征
出畢。

己亥卜，爭貞，
畢出祟(崇)旬
帝(崇)出旬，亡
旬。十月

貞旬 此中間一
令。 辭，貞夢。

畢字孫詒讓釋离，舉例下四二。甚碻。字或作畢，故易誤為桒耳。商承祚列畢于畢下，同釋為羅及離，謂從𠂆者象鳥正視之形，類編七、十五。殊為怪誕。聞宥非之，而謂畢實畢之緐文。殷虛文字孳乳研究。其所謂畢，亦承羅說之誤，實當是畢。葉玉森舉「貞畢弗其羅」，後上十二，當作畢。見十一。「貞畢弗其畢」，當作畢，見鐵二四〇、四。二辭，證畢非離，亦非畢，顧無所決定。吳其昌氏謂從畢從人為禽，見解詁一八八片、一九四片。則竟不知禽之從今聲，殊可異也。孫氏所見卜辭只有鐵雲藏龜，材料少而印刷不精，其作契文舉例，前無所承，錯誤自所不免，然頗有精到之說，為羅王以後所不及者。今人治卜辭，惟以羅說為宗，尠有讀孫書者矣。

第八十五片 甲

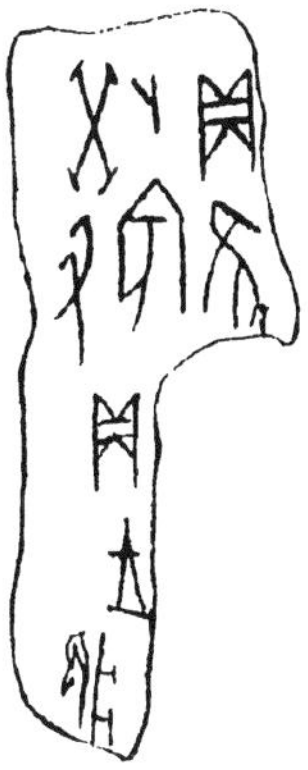

貞隹
卜宄，
癸丑

貞王𢦏？

第八十六片 甲

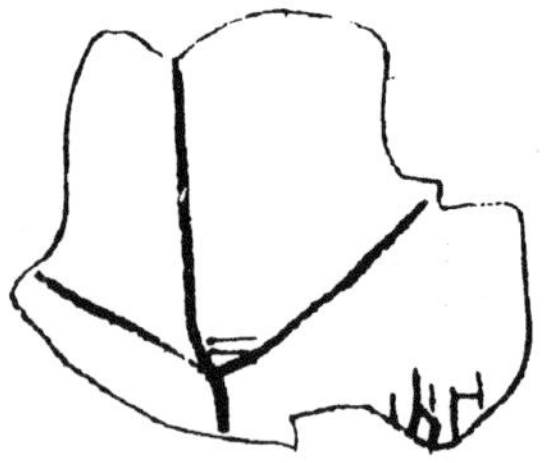

甲兆面

疒

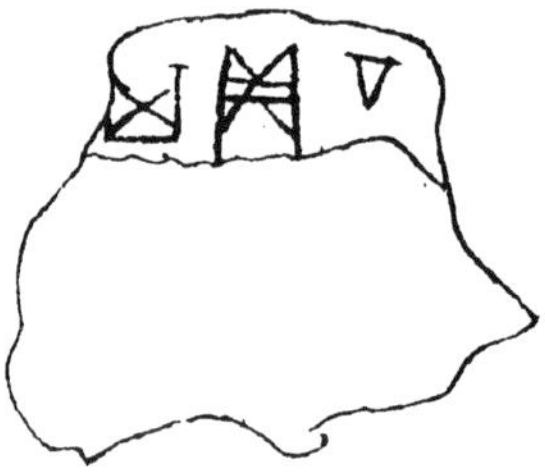

乙灼面

辛貞其

此貞疾之辭。

第八十七片 骨

甲兆面

爭口口帚子⋯

貞，爭㞢取日任。

貞，勿告。

貞，帚（婦）㮚冥（娩）不其妨。

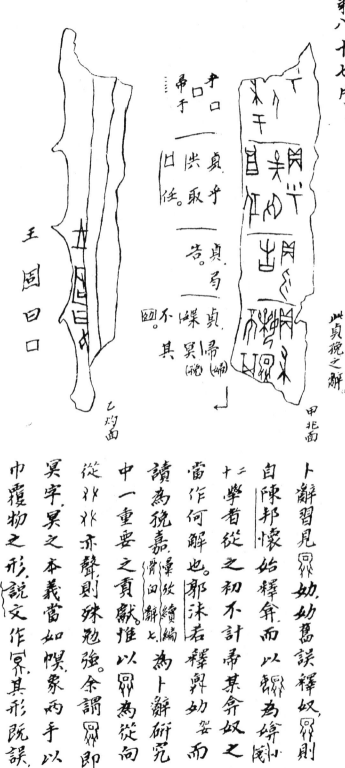

此貞娩之辭。

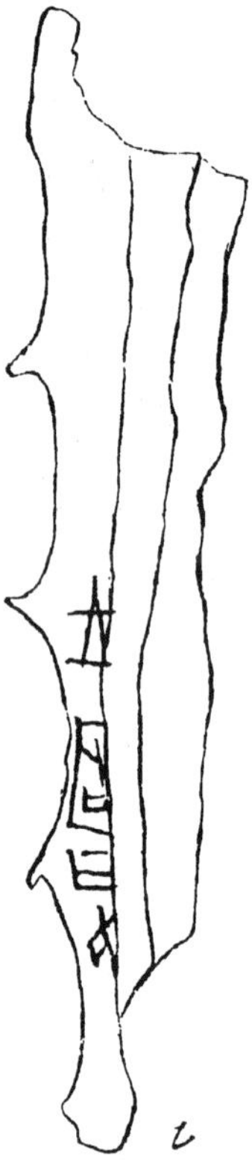

乙灼面

王固曰口

卜辭習見𡚾妨，妨舊誤釋奴，𡚾則自陳邦懷始釋弁，而以𡚾為娩。二十學者從之，初不計帚某弁奴之當作何解也。郭沫若釋與妨而讀為娩嘉（彙攷續編，骨臼辭七），為卜辭研究中一重要之貢獻。推以𡚾為從向從𠬞，𠬞亦聲，則殊勉強。余謂𡚾即冥字，冥之本義當如幎，象兩手以巾覆物之形，說文作冥，其形既誤，逆讀。從日從六一聲。日數十十六日而月始虧，幽也。穿鑿可笑。卜辭䵻字當釋娩冥。或娩之用為動詞者，並段為娩，生子免身也。余前作卜辭文學一文中釋䵻為冥，（清華學報）而未詳其說，今故補之。郭氏粹編考釋亦逕釋作冥，則其近時之見解或與余意符合矣。

第八十八片 骨

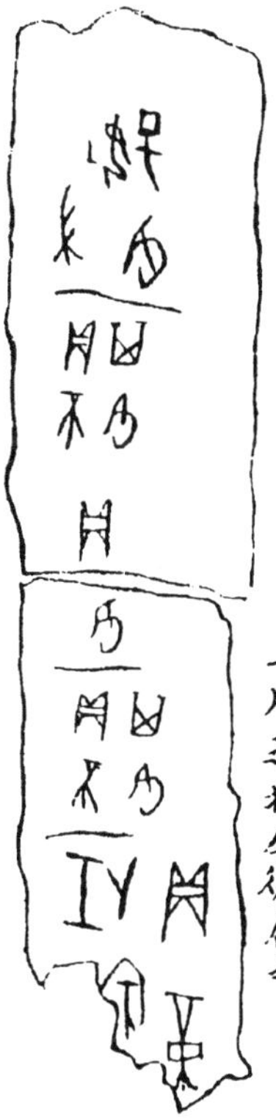

此見鐵百九三，當是一片之折，今復合之。

貞帚好勹（旬）。

貞不其勹（旬）。

貞勹（旬）。

貞不其勹（旬）。

壬□卜，完貞帝。

此貞勹之辭。勹疑讀為洵或徇，巡也，宣令也。帚好者，婦子也。好為女姓，即商人子姓之本字。此武丁之婦，同姓不通婚姻，周之制也。好今讀呼皓切，字音之變。

第八十九片 甲

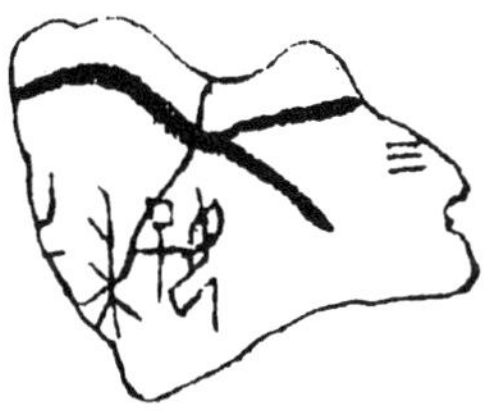

三

□帚好

第九十片骨

貞白戠＜＿才

執。三月

辛未卜貞……

才

三月

一二三三

二告

一

二

乙灼面

甲北面

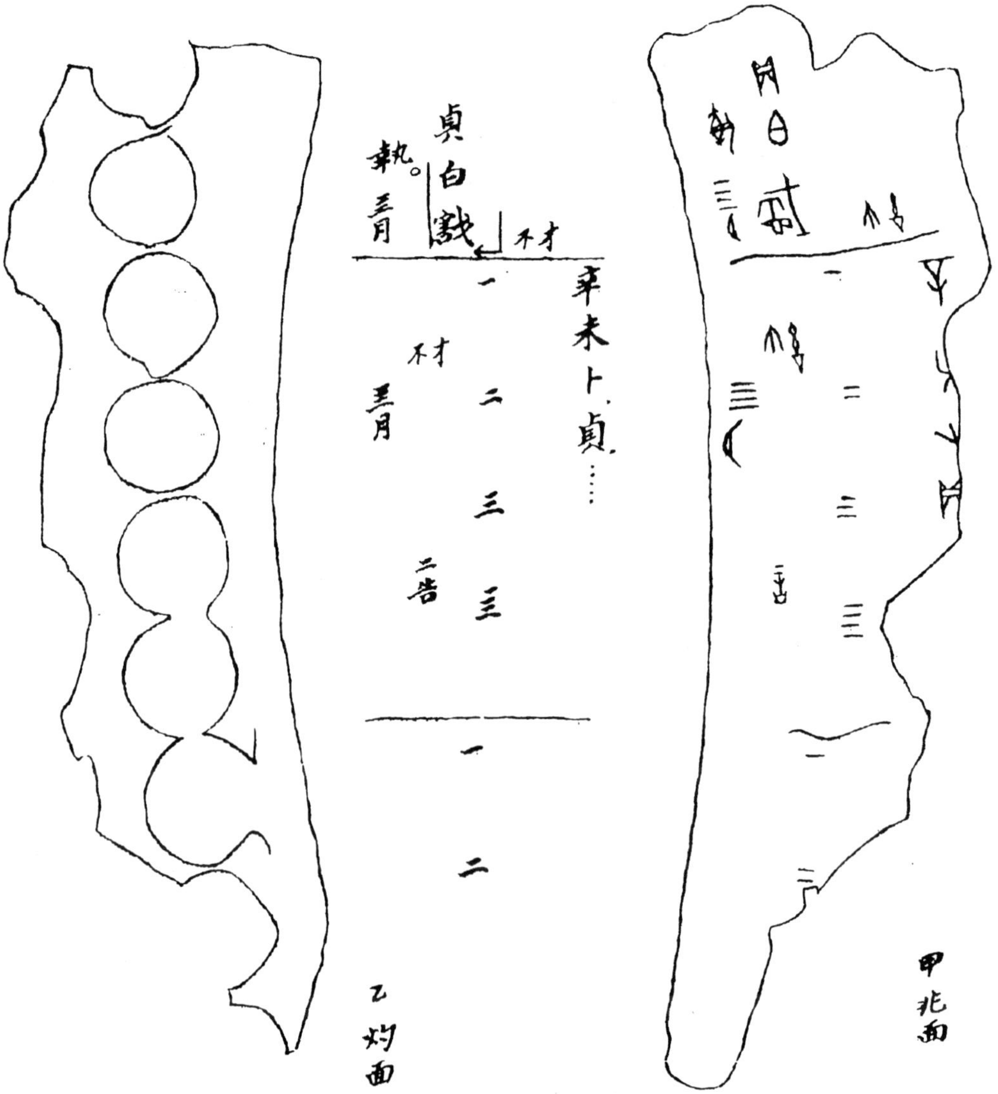

此貞執之辭

第九十一片 骨

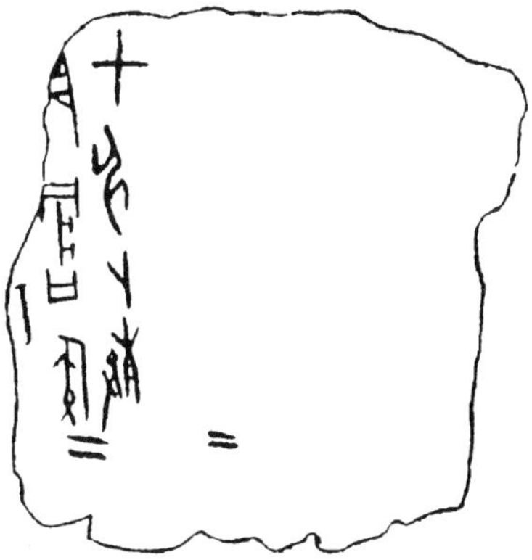

甲申卜，殻
貞，□侯
二　二

□字孫詒讓疑為庸字，據毛公鼎庸作□為證。（舉例上三六）王國維從孫說，並以名伯虎敦之□字為證。（殷虛文字考釋二七）丁山謂庸與□形絕遠，□與□形尤不倫，而以□為象帷幕交覆中施皇邸之形，當即冡之初字。疑□有作□誤為□，再誤為冢。（釋□）郭沫若謂□□為䢅之異文，□乃秖之古文，均非庸字，與此□字亦不類。攷金文簋字，鑄公簋作□，旅虎簋作□，交君簋作□，乃象下器上蓋，而中從五聲。簋亦名匩，足證筐簋同器，亦為同字，則此字蓋匩之古文，亦象下器上蓋而從□聲也。又据洮山獸骨有□医，謂□即□，從午聲，魚陽對轉也。（通纂考釋一一三）余按□□□固非庸字，然□為□在□中，□乃移□於□下，□象□在□中，□為合字，□（象）盆之形，其義甚相類。惟王氏牽涉□字則誤矣。丁山謂□是帷幕，不知□是筐盧之形，從無帷幕之義。其所謂一誤再誤而為冢字，則更是玄想矣。郭氏援簋作□□等形，為下器上蓋之證，然据𠭯宮父簋之□，從匚𣪕聲，則□為□，即□之變，當釋為害，非器形也。郭以簠亦銘匡，遂謂此從爿聲之字為匡字，其據點實極脆弱。若□字則似從8，疑即□之異文，即從午亦未必與□為一字也。余謂爿者俎案之屬，故□字從之。□則像爿在合中，與會倉同意，依象意聲化之例，當是從合爿聲。說文有牄字，從倉爿聲，引書「鳥獸牄牄」，或以為蹌之俗字，然俗字必有所取義，如蟲魚之名，悉增蟲魚之旁是。牄之從爿，又何為乎？此可見牄實古字。公羊傳定十四年有頓子牄，左傳作牂，則說文以為爿聲者，必有所本。余疑牄即□字所孳乳，後人罕覩□字，遂改□為倉耳。卜辭□為國名，疑即蔣國，周滅殷後以封同姓者，地在河南固始西北。

第九十二片 甲

㝵。

峯羌 二

第九十三片 甲

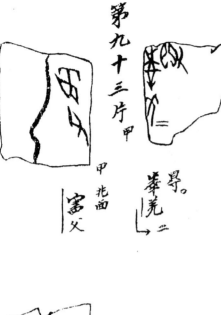

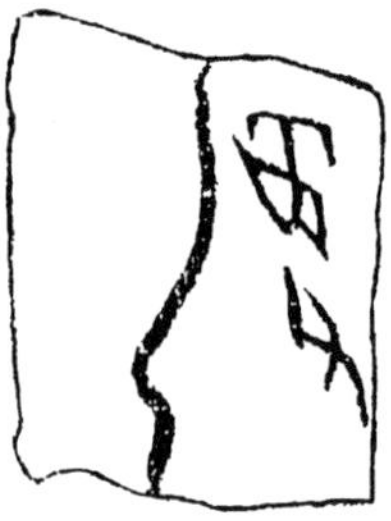

甲 兆面

富父

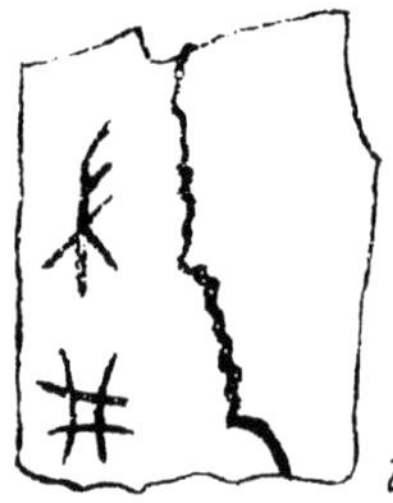

乙 灼面

帚井

富父人名，亦見前編五，三，四，一，又七，三，四重出。

第九十四片 骨

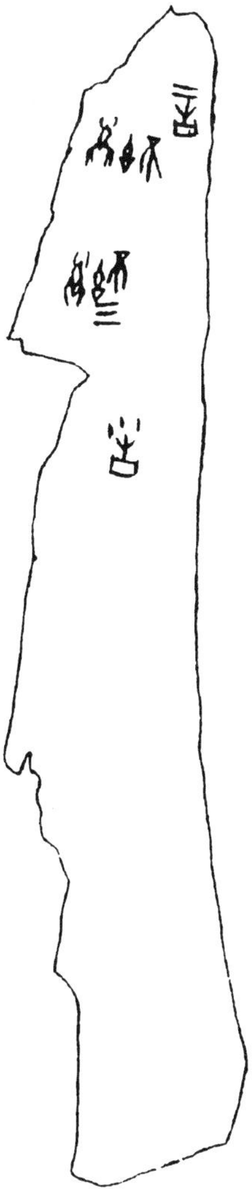

二告

不

才

叵

不

才 三

叵

小告

第九十五片 甲

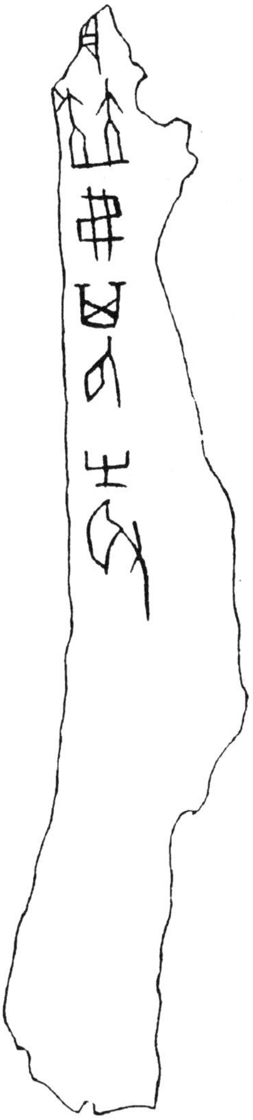

貞，𢀛弗其氏，㞢取。

第九十六片 甲

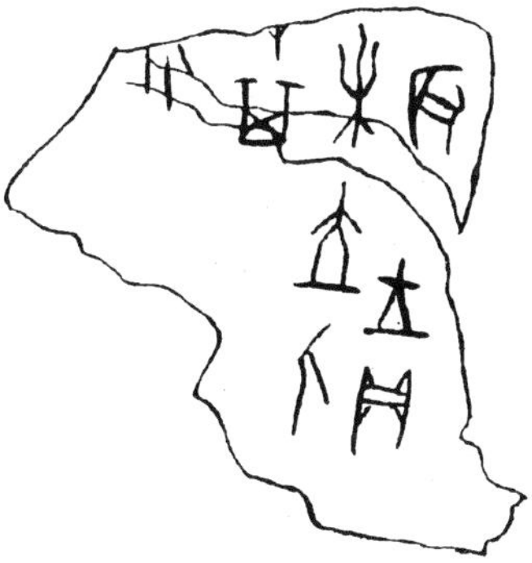

□長田，王貞

□屯 春 立人

……□其

……□

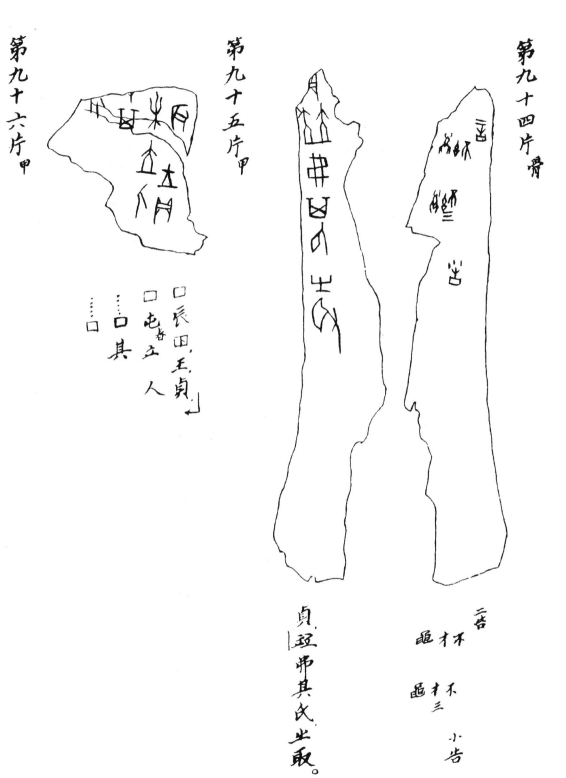

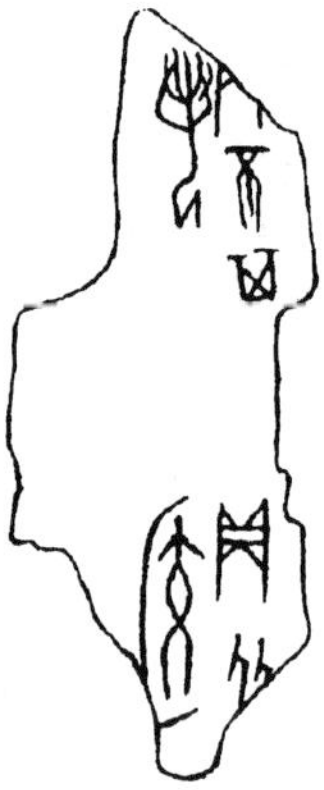

貞，不其[illegible]。

貞，从医。

第九十七片 骨

甲北面

口隹㞢……

[illegible]

乙灼面

口光卜口

……乙戕……

第九十八片 甲

第九十九片 甲

庚口[卜]，雀弗其戋陟（陟）

陟（陟）戋雀

第一百片甲

壬申卜，
乙亥乙酉
用。

□畢五
㐅……

畢字葉玉森謂象楚其首，（集釋五三五）他人未見釋者。余謂即幸之異文，亦即畢字所從出。卜辭執字或作□（北大藏甲三三）或作□（續三六一）或作□（前六一七三）是則畢本當作□，蓋不僅縶其手，并縶其首也。□或變為□，則有似于從口，或飾點而為□，則變為□，有似于從目，說文以為從目從幸，今吏將目捕罪人也，誤。

第一百一片甲

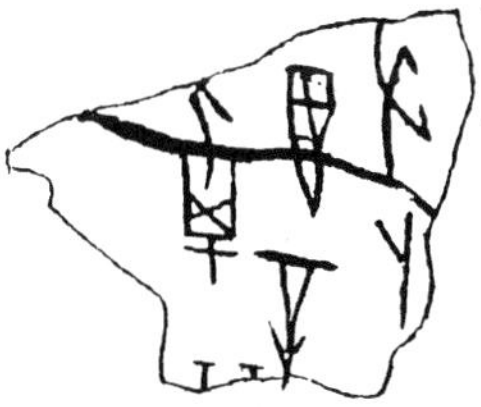

□丑卜，……
羽（翌）辛……
𠦪（禱）其……

第一百二片骨

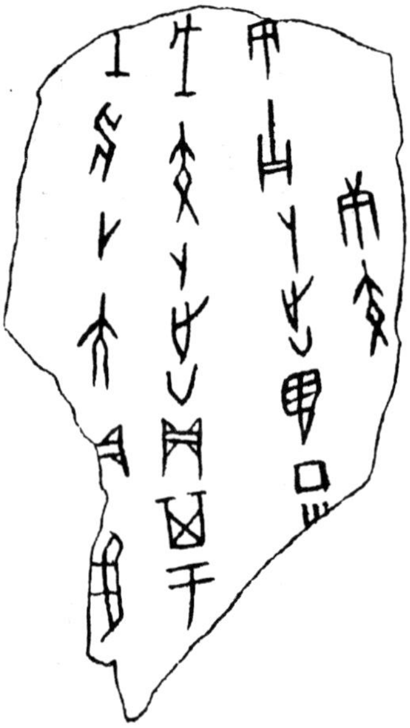

庚寅……
庚戌卜，出，羽丁未……
戊寅卜，出，貞，其于……
壬申卜，大，貞，羽……

第一百三片骨

癸卯

癸……
夾（婦）……
亥……
其……

第一百四片甲

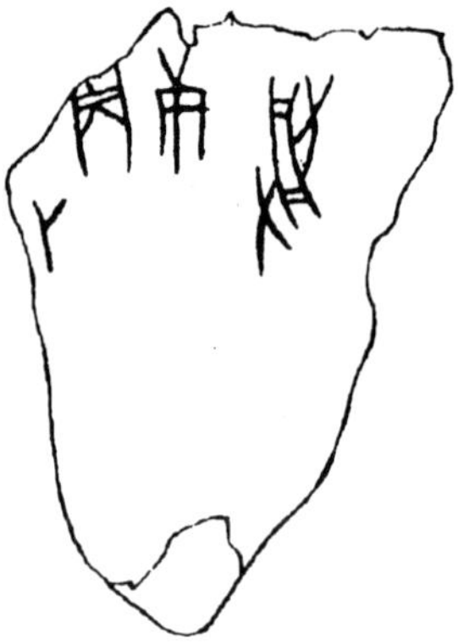

□□卜
□，貞
……庚
……受
……

第一百五片甲

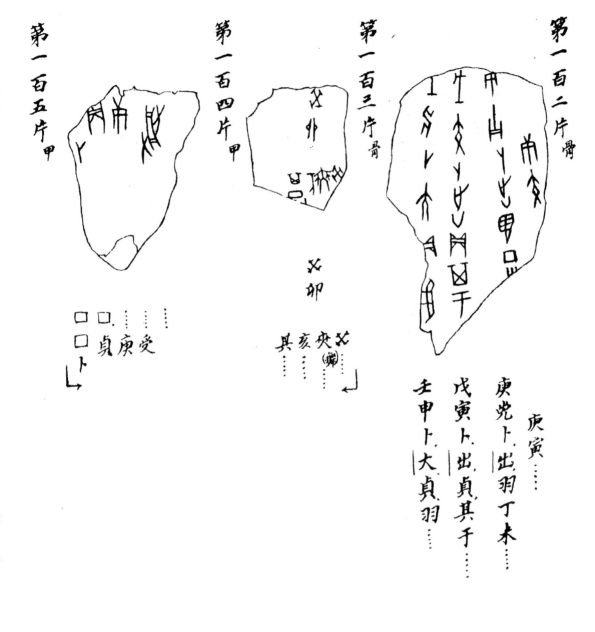

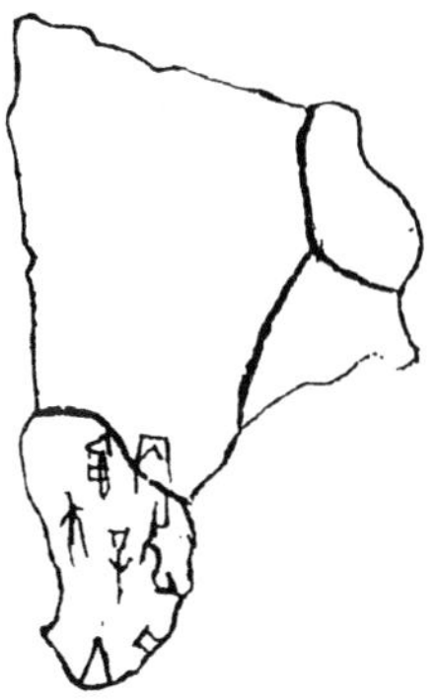

丙申卜，……
羽(四)辛酉……
大吉

第一百六片 甲

小吉

庚兇
卜，亘，
貞：王
……

二

第一百七片 甲

二

貞：
弗……

第一百八片 骨

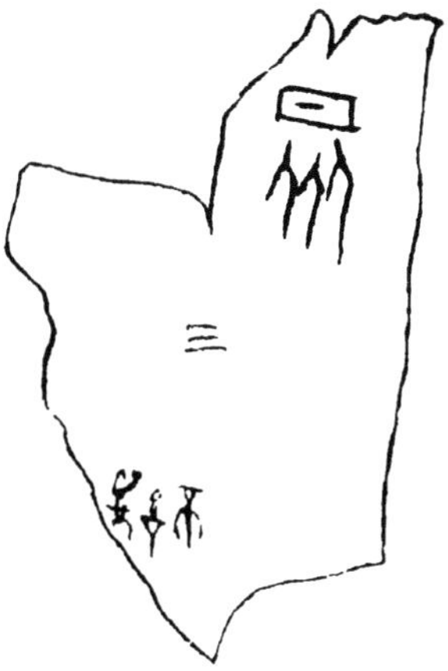

[illegible]([illegible])

三

不才[illegible]

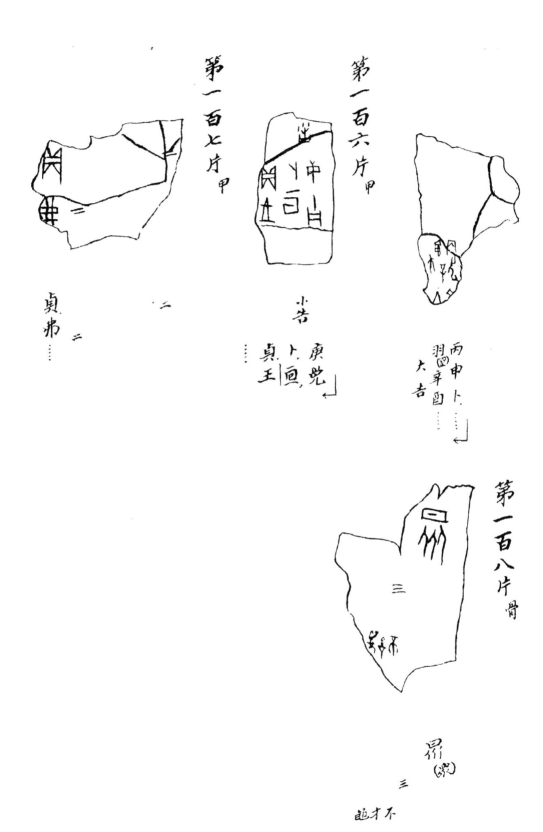

整理説明

該書有兩個版本，其一是一九三九年輔仁大學出版的叢書本，書封面有陳垣署題：輔仁大學叢書 天壤閣甲骨文存。扉頁有沈兼士題：天壤閣甲骨文存并考釋 唐蘭著。書後版權頁記「民國二十八年四月發行，共二百部。印刷所 北平彩華珂羅版印刷局，發行所 北平輔仁大學，經售處 北平隆福寺街修綆堂、文奎堂，琉璃廠來薰閣」，裝訂兩冊。其二是北京圖書館出版社二〇〇〇年重印本，封面題「天壤閣甲骨文存并考釋」，扉頁書名右題「唐蘭撰」，左題「北京圖書館出版社」。其餘內容全部翻印輔仁大學叢書本，裝訂一冊。

故宫博物院圖書館現藏輔仁大學叢書本七部，此次整理，從中選出最好的一部去掉版框放大影印出版。

（劉　雨）